融通中西·翻译研究论丛

# 文化翻译阐释论

On Hermeneutic Translation of Culture

■ 李建军　陈莉莉　著

浙江大学出版社
ZHEJIANG UNIVERSITY PRESS
·杭州·

**图书在版编目（CIP）数据**

文化翻译阐释论 / 李建军，陈莉莉著. -- 杭州：
浙江大学出版社，2024.10. -- ISBN 978-7-308-25443-4

Ⅰ．H059

中国国家版本馆 CIP 数据核字第 2024BN0347 号

## 文化翻译阐释论

李建军　陈莉莉　著

| | |
|---|---|
| 策划编辑 | 包灵灵 |
| 责任编辑 | 包灵灵 |
| 文字编辑 | 黄　墨 |
| 责任校对 | 杨诗怡 |
| 封面设计 | 项梦怡 |
| 出版发行 | 浙江大学出版社 |
| | （杭州市天目山路 148 号　邮政编码 310007） |
| | （网址：http://www.zjupress.com） |
| 排　　版 | 杭州朝曦图文设计有限公司 |
| 印　　刷 | 广东虎彩云印刷有限公司绍兴分公司 |
| 开　　本 | 710mm×1000mm　1/16 |
| 印　　张 | 12 |
| 字　　数 | 200 千 |
| 版 印 次 | 2024 年 10 月第 1 版　2024 年 10 月第 1 次印刷 |
| 书　　号 | ISBN 978-7-308-25443-4 |
| 定　　价 | 68.00 元 |

版权所有　侵权必究　　印装差错　负责调换

浙江大学出版社市场运营中心联系方式：（0571）88925591；http://zjdxcbs.tmall.com

# 前　言

　　笔者偶尔能在媒体上看到一些作品在回译有关中国人名时所出现的问题,如将"蒋介石"的英文译名 Chiang Kai-shek 译成"常凯申",将孟子的英文译名 Mencius 译成"门修斯"。为何中国人在回译时会将中国人名译错呢？这里既牵涉到语言问题,也涉及文化问题,还有翻译的影响。语言方面表现为现代汉语拼音与威妥玛式拼音的差异性问题,文化方面表现为中外人名的姓与名的先后顺序问题,翻译方面则表现为外倾性和内倾性的方式选择问题,等等。

　　翻译是一个复杂的过程,文化翻译更是如此。我们经常听到人们说"一石二鸟",其实它来自英语习语 to kill two birds with one stone。每个民族都有自己特殊的表达方式,在汉语中表达为"一箭双雕"和"一举两得",德语中表达为 töte zwei Fliegen mit einer Klappe,法语中表达为 faire d'une pierre deux coups,等等。

　　鉴于多年来对文化翻译的思考,笔者把自己的一些思路和想法记录下来,经过不断地斟酌思量和考证探索,把积累的资料整理成这本书。

　　本书在阐述文化的概念、特征和功能的基础上,试图从物质文化、规制文化和观念文化三个层面介绍东西方文化的渊源及其影响下的差异和特征,分析文化翻译中的困惑,包括直译的不足、归化和异化原则的选择等,提出在文化翻译过程中译者参与过滤性理解和表达的翻译原则和方法的选择,包括在过滤性理解中"虚与实""知与明"和"取与舍"的原则思路,在过滤性表达中的"增补阐释""替代阐释""选词阐释"和"创造阐释"。译者在处理文化信息,特别是汉译外时,对中国文化的翻译处理应该以读者的理解为中心,以内涵的传递为要旨,以通俗的原则为导向,以灵活的方法为手段,准确地传递文化信息,讲好中国故事,推动中华文化"走出去",提升中国文化走向世界的力度、信度和效度。

在本书写作的过程中,宿州学院外国语学院陈莉莉老师全程参与并积极合作,完成了十余万字的撰写任务,笔者在此表示感谢。书中还参阅借鉴了一些学者在文化和翻译方面的图书论著或期刊论文。本书的后期出版得到了浙江师范大学学术著作出版基金资助和外国语学院的出版资助,在此一并致谢!

本书图片除特别注明外,均选自可免费商用修改的图源。如有涉及版权问题的素材,可与作者联系。

由于笔者学识水平有限,书中的错误和不足在所难免,欢迎同行、专家、学者以及广大的读者朋友们批评指正。

2022年夏月于浙江金华

浙江师范大学　鸿儒阁

# 目 录
## CONTENTS

第一章　概　论 ……………………………………………………… 1

第二章　文　化 ……………………………………………………… 7
　第一节　文化的内涵与功能 ………………………………………… 7
　第二节　文化的属性 ………………………………………………… 13

第三章　英汉文化差异 ……………………………………………… 21
　第一节　英汉文化的渊源差异 ……………………………………… 23
　第二节　英汉物质文化的非对应性 ………………………………… 27
　第三节　英汉规制文化的非同一性 ………………………………… 32
　第四节　英汉观念文化的非契合性 ………………………………… 40

第四章　文化的推介与传播 ………………………………………… 45
　第一节　文化传播的方式 …………………………………………… 46
　第二节　对外传播中文化翻译的"前知"与"后释" ……………… 54
　第三节　中国文化对外传播翻译中的过滤性阐释 ………………… 65

第五章　文化翻译阐释之惑 ………………………………………… 75
　第一节　阐释与文化阐释 …………………………………………… 76
　第二节　文化词英译中的"硬化"欠额与"软化"传真 …………… 79
　第三节　文化翻译的障碍 …………………………………………… 86
　第四节　文化翻译的零阐释直译之忧 ……………………………… 93

## 第六章　文化翻译的阐释原则 …………………………………… 102
### 第一节　文化翻译的归化与异化之选 …………………………… 103
### 第二节　文化翻译的实用原则 …………………………………… 111

## 第七章　文化阐释性翻译策略 …………………………………… 119
### 第一节　文化翻译策略的选择 …………………………………… 120
### 第二节　文化翻译中的创造性叛逆 ……………………………… 126
### 第三节　对外翻译中的文化移植 ………………………………… 136
### 第四节　汉译英过程中文化符号的移植 ………………………… 141

## 第八章　文化翻译的阐释性理解过滤 …………………………… 148
### 第一节　理解过滤之"虚"与"实" …………………………… 148
### 第二节　理解过滤之"知"与"明" …………………………… 154
### 第三节　理解过滤之"取"与"舍" …………………………… 159

## 第九章　文化翻译的阐释性表达技巧 …………………………… 165
### 第一节　选词阐释翻译 …………………………………………… 166
### 第二节　增补阐释翻译 …………………………………………… 173
### 第三节　替代阐释翻译 …………………………………………… 176
### 第四节　创词阐释翻译 …………………………………………… 181

# 第一章
# 概 论

在某一种文化氛围中生活习惯的人,要进入另一个文化圈,就会遇到文化隔阂的问题。笔者曾看过一个视频,一位英国的女士嫁给了一个中国农村小伙,她说让她感到最困难的是对亲戚和村民的称呼,像"爷爷""外公""伯伯""叔叔""婶婶""大爷""三爷"等等。她总是记不住如何称呼别人,有时要花上几分钟才能想起来,常常为此感到苦恼。

文化的隔阂往往会成为跨文化交流的障碍,跨民族、跨国界和跨种族的交流绕不开文化隔阂的干扰,这就需要语言翻译手段的介入。然而,译不译,怎么译,由谁译,译文质量的评判标准是什么……这些都是现实的问题。

首先是前沿的新词、术语译不译的问题。在跨文化翻译过程中,对于一些前沿新词或者专业术语,是保留原文选择不译,还是直接译入母语并加以应用?我们经常听到人们在各种场合使用英语或者其他外语,歌词中经常有汉语与英语的混杂,报刊和网络上的各种信息里也充满了外来语言符号。但是,有些东西让人看不懂,比如"国产 EDA 验证调试工具实现破局""工软 UVD 的优势"等新闻标题中,什么是 EDA,什么是 UVD? 不知道有多少中国读者能看懂。网络流行语中也有类似的表达,如"5 个 W 的米""打 call""hold 住"等等。有人开始担忧,这样受到外来侵蚀的语言可能会对中国语言文化产生负面影响,不理解为何有人热衷于此。

这种语言混杂现象源于香港。鸦片战争之后,腐败的清政府被迫将香港割让租借给英国。其间,英国政府将英语作为官方语言进行推广,使得很多人只会说英语而不会说汉语,因此在与内地人的交流过程中,常因汉语表达不流畅而冒出英语来，出现汉语与英语混用的现象。很多人的盲目跟风模仿导致了这种现象的扩散。

现在，人们渐渐注意到这种现象及其消极影响，有些地区和行业领域开始"去外文"活动。例如，北京最近开始推行高速路段去除外文标示牌的行动，值得欣慰。前不久，笔者在网上看到这样一则消息：美国知识问答网站Quora发文称中国空间站将中文作为唯一的语言，指责这是一种垄断，是在孤立其他国家，甚至企图"垄断科研"，并提出中国应该与国际接轨，实现语言国际化。然而，其真实目的可能就是要求中国使用英语进行标识，以实现展示和传播欧美文化的目的。语言作为文化的载体，其重要性不言而喻。

其次是怎么译的问题。语言是文化的载体，语言反映文化。在翻译过程中往往需要译者的深度参与，才能完成正确的过滤性理解和阐释表达。然而，由于译者的能力素养与认知的差异性，理解与阐释也会存在一定的差异。例如，王翰《凉州曲》中的"欲饮琵琶马上催"和白居易的《琵琶行》中都提及中国的传统乐器"琵琶"，在翻译成外文时，不同的译者对"琵琶"有不同的译法。英国汉学家翟理斯（Herbert Allen Giles）将其译作 bugle（军号、喇叭），美国诗人宾纳（Witter Bynner）用西方乐器 guitar（吉他）来替代，中国翻译家许渊冲直接用汉语拼音 *pipa* 来表达，中国诗词翻译家徐忠杰将其译作 lute（鲁特琴），等等。可见，不同的译者有不同的理念、倾向和认知，因而有不同的翻译表达方式。

有些学者学识渊博，对两种语言和文化都驾轻就熟，总是能够找到地道的表达。如汉语中的成语"赔了夫人又折兵"表示前期的所有投入和努力，最后都落了一场空。在英语中也有类似的表达，如 throw the helve after the hatchet（失去了斧头又丢掉手柄），或者 throw good money after bad（为了挽回损失而失去了更多）。可见英汉语言中，含义相当但形式各异的表达方式比比皆是。如果译者了解英语中的这些表达方式，采用归化方式处理，既可避免误解误读，又能让读者知悉内涵。

再次是译文质量的评判标准问题。要想让中国文化走向世界，就要有合理恰当的文化阐释，既能让外国读者读懂，又能让他们渐渐从理解文化到接受文化，再从接受文化到喜爱文化。

译文优劣的评判标准是什么？2019年下半年的全国大学英语四、六级考试中出现了具有中国文化内涵的表达——"四世同堂"的翻译。有人认为 four generations under one roof 是对"四世同堂"的最佳英语译文，这引发了热议。怎样讲述中国故事才能被世界理解和接受？对中华传统文化的翻译是否已做好准备？"四世同堂"是否还可以表达为 an extended family with four generations 或者 a four-generation family？如果可以，哪个更好，用怎样的标准来评判？

"……文化研究总是涉及对翻译的编码和解码过程的考察。"("... the study of culture always involves an examination of the processes of encoding and decoding that comprise translation."①)以中国典籍《论语》书名的理解与翻译为例，《论语》是中国儒家的经典著作，是一部以记言为主，记事为辅的语录体散文集，记录了孔子及其弟子的言行，集中体现了孔子在政治、教育、文学、哲学以及立身处世的道德伦理等方面的思想。东汉刘熙《释名·释典艺》中记载："《论语》，记孔子与弟子所语之言也。论，伦也，有伦理也。语，叙也，叙己所欲说也。"清朝赵翼将其解释为："语者，圣人之语言，论者，诸儒之讨论也。"②之所以命名为《论语》，是因为"语"，即语文，是孔子所主张的"以文载道"的体现，"论"，即论道，是指对道（事理）的评议。

《论语》以其富含深意的精辟论述深受人们的喜爱，很多外国人也很喜欢《论语》。但建立在译者认知和素养基础上的翻译选词各有特点，有选用 sayings 的，如翟林奈（Lionel Giles）③将《论语》译作 *The Sayings of Confucius*；有选用 analects 的，如安乐哲（Roger T. Ames）等④将其译作 *The Analects of Confucius: A Philosophical Translation*，斯威特（Dennis Sweet）⑤将其译作 *Analects*，韦利（Arthur Waley）⑥等将其译作 *The Analects of Confucius*，苏慧廉（William Edward Soothill）⑦将其译作 *The Analects*，森舸澜（Edward Slingerland）⑧

---

① Bassnett, S & Lefevere, A. *Constructing Cultures: Essays on Literary Translation*. Clevedon: Multilingual Matters, 1998: 138-139.
② 赵翼. 陔馀丛考（卷一）. 北京：商务印书馆，1957：7.
③ Confucius. *The Sayings of Confucius*. Giles, L. (trans.). Whitefish, MT: Kessinger Publishing, 2008.
④ Confucius. *The Analects of Confucius: A Philosophical Translation*. Ames, R. T. & Rosemont, Jr. H. (trans.). New York: Ballantine Books, 1999.
⑤ Confucius. *Analects*. Sweet, D. (trans.). Greenwood: Privately Printed, 1977.
⑥ Confucius. *The Analects of Confucius*. Waley, A. (trans.). London: George Allen & Unwin Ltd., 1938.
⑦ Confucius. *The Analects*. Soothill, W. E. (trans.). Dover: Dover Publications, 1995.
⑧ Confucius. *Confucius Analects: With Selections from Traditional Commentaries*. Slingerland, E. (trans.). Cambridge: Hackett Publishing Company Inc., 2003.

将其译作 *Confucius Analects: With Selections from Traditional Commentaries*；也有选用 Bible 的，如库约翰（John B. Khu）①将其译作 *The Confucian Bible: Book 1 Analects*。

在英语中，analects 的意思是 a collection of excerpts from a literary work（文集）；sayings 的意思是 a word or phrase that particular people use in particular situations（语录）；而 Bible 的意思是 a book regarded as authoritative in its field（经典）。笔者认为，鉴于以上的分析，将《论语》译作 *Collection of Refined Confucian Sayings* 较为妥当。sayings 体现了其语录体的风格特色，Confucian 阐明了其孔子等儒家学者的来源，有效地传达了该典籍的内涵。

最后是由谁译的问题。文化翻译需要合理的阐释，从而确保其内涵意义不至偏误。因此，需要由了解文化内涵的人来翻译阐释，特别是在汉译外的过程中，确保文化信息的精准性极为重要，由此产生了由谁译更好的问题。比如，关于中国典籍的翻译，存在两种对立的观点：有人认为应该由外国人来译，因为外语是他们的母语，他们的翻译更通俗，更容易让读者接受；也有人认为应该由中国人来译，因为中国人更熟悉中国文化，更了解中国语言。两种观点各有其合理的部分，但笔者认为，合格的译者既要能灵活应用两种语言，又要能通晓两种文化。不论身份如何，如果文化理解正确，语言表达流畅，一般就可以很好地完成翻译任务。

中国有着悠久的发展历史，拥有不同于世界上其他国家的文化个性符号，中国人讲道德、倡礼仪、重伦常，主张和合共生、师法自然、中庸之道，这些都是中国文化的显著特点，也成为中国文化的特色标志。在中国文化中，鲜艳的中国红、绚丽的唐装汉服、经典的唐诗宋词无不引起世界上其他国家人民的好奇与羡慕。

在谈到文化翻译，特别是汉译外时，我们很容易将其与"阐释中国"联系起来。因为中国是一个具有悠久文化历史的国家，拥有世界上唯一一个没有中断过的文明，也是与西方文化差异很大的东方文明。然而，很多学者忽视了"阐释中国"与"中国阐释"的概念差异。"阐释中国"指的是对中国政治、经济和文化等相关内容进行说明、解释，着眼点在于有关中国的内容；而

---

① Confucius. *The Confucian Bible: Book 1 Analects*. Khu, J. B. (trans.). San Francisco: Granhill Corporation, 1991.

"中国阐释"则是站在中国文化、中国价值的逻辑基础上进行相关内容的阐释、说明,除有关中国的内容之外,还包括对于世界上其他国家和地区所发生的政治、经济、文化现象的解释和说明。① "中国阐释"的着眼点在于阐释主体,即阐释的理论逻辑一定要具有中国特色、中国风格和中国气派。

笔者认为,"阐释中国"主要是对具有中国特色的文化现象进行恰当的阐释,目的是让外国读者了解中国文化。"阐释中国"可以由中国学者来完成,也可以由喜欢中国、热爱中国的外国友好人士来完成。但由于阐释需要以视角、认知为基础,因此"阐释中国"时,中外学者所采用的审视角度、理解深度和阐释力度都会存在差异。比如,有一位中文讲得很好、在中国生活了十余年的美国学者曾表示:"我很反感中国人叫我老外。"因为他感觉"老外"带有歧视性。笔者告诉他,中国人用"老外"来称呼外国人没有任何歧视的意思,下次有人称呼他为"老外",他就称其为"老内"。只有用"××佬"时才有一定的歧视的意思,相当于英语中用 Yankee 来称呼美国人,用 Limey 来称呼英国人。

而"中国阐释"不仅仅着眼于对"中国"内涵的阐释,还侧重于由中国人主导的阐释。因为中国人对自己的文化比较了解,所以能够选用合理恰当的表达方式,准确地表现中国内涵,彰显文化自信。例如,对中国经典巨著《红楼梦》的书名翻译,除了霍克斯(David Hawkes)的 *The Story of the Stone*(《石头记》)②之外,还可以选择与著作内容关联更加紧密的译法,译作 *Twelve Beauties in Jinling*(《金陵十二钗》),如果确实需要与书名《红楼梦》相匹配,可以译作 *The Illusive Sweet Dream*(《虚幻的美梦》)。

党的十九大报告强调要增强文化话语权。2016 年 2 月,习近平总书记在党的新闻舆论工作座谈会上强调,要加强国际传播能力建设,增强中国国际话语权,集中讲好中国故事。党的十九大报告六次提到"文化自信",并且明确提出"没有高度的文化自信,没有文化的繁荣兴盛,就没有中华民族伟大复兴"。③

中国人有中国梦,要实现中国梦,不仅需要经济和科技实力作为基础,

---

① 何明星. 从"阐释中国"到"中国阐释". (2019-10-26)[2023-01-01]. https://sijc.bfsu.edu.cn/info/1084/2140.htm.
② Cao, X. Q. *The Story of the Stone*. Hawkes, D. (trans.). London: Penguin Books, 1981.
③ 习近平提出,坚定文化自信,推动社会主义文化繁荣兴盛. (2017-10-18)[2023-01-01]. https://www.gov.cn/zhuanti/2017-10/18/content_5232653.htm.

还需要文化实力的支撑。文化兴则国家兴,文化强则民族强,建设社会主义文化强国是实现中华民族伟大复兴的基础支撑。党的二十大报告指出,要"发展社会主义先进文化,弘扬革命文化,传承中华优秀传统文化,满足人民日益增长的精神文化需求,巩固全党全国各族人民团结奋斗的共同思想基础,不断提升国家文化软实力和中华文化影响力","推进文化自信自强,铸就社会主义文化新辉煌"。①

要让中国文化走向世界,就必须做好中国文化的翻译阐释,让外国读者读懂中国文化,了解中国文化,并为中国文化所吸引,逐渐喜欢上中国文化,使中国文化成为外国读者喜闻乐见的东方文化之一,成为中国在世界各国人民面前竖起的一面旗帜。

---

① 习近平. 高举中国特色社会主义伟大旗帜 为全面建设社会主义现代化国家而团结奋斗——在中国共产党第二十次全国代表大会上的报告(2022-10-16)[2023-01-01]. https://www.gov.cn/xinwen/2022-10/25/content_5721685.htm.

# 第二章
# 文　化

　　"文化"是由"文"和"化"两个字组成的词语。文,原指事物错综所造成的纹理或形象。《说文解字》曰:"文,错画也,象交文。"①后用来指记录语言的符号。化,原指性质或形态的改变。《说文解字》曰:"化,教行也。教行于上,则化成于下。"②文化既指对文字和知识的积累,也包括对知识经验的应用能力。

　　谈到文化,大家并不陌生,每个人都生活在一定的文化氛围之中,或多或少地受到文化的影响。比如,在中国,"读书成才""以礼待人"等理念,"迎来送往""婚丧嫁娶"等习俗,都是大家日常所经历的文化形式。但多数人都以一种从众的心态去适应文化,真正了解文化的人并不多。产生这一现象的原因多样,首先是文化的涉及面很宽泛,其次是文化的内涵比较深厚,再次是人们对待文化的态度各不相同,最后是人们对文化的认知和角度存在差异。

## 第一节　文化的内涵与功能

　　文化既具体又抽象,懂则具体,不懂则抽象。理解的角度不同,对其内涵的领悟也存在差异。对有些人来说,文化是一种信念,虚无缥缈,信则有,

---

① 许慎.说文解字注.2版.段玉裁,注.上海:上海古籍出版社,1988:425.
② 许慎.说文解字注.2版.段玉裁,注.上海:上海古籍出版社,1988:618.

不信则无;也有人认为文化就是知识和经验,可以学习、借鉴和提升;还有人认为文化就是规范,是对人的一种束缚,懂的越多,受到的禁锢和约束也就越多。各种理解都有一定的合理性。

一、文化的内涵

文化的内涵可以涵盖文化的概念、分类和功能等多个方面。笔者认为,文化既是认知,也是规范,还是修养,更是信念。

1. 文化是认知

文化是知识和经验的积累,是言行举止规范的基础认知。说文化是知识,是因为文化可以从书本中学习获取,也可以从现实经验教训中总结得来。文化是祖祖辈辈积累的知识财富,人们了解了这些知识,就能应用到生活中,指导实际行为,扬长避短,提高生活质量。

文化是认知,"知"意为了解事物深刻的含义,是理解事物的前提和基础。笔者曾经听过一个妈妈教育自己 8 岁小孩的故事。一天,这个妈妈拿出一块老旧的怀表,让小孩找人看看值多少钱。小孩听了妈妈的话,把怀表拿到钟表店,钟表店老板拿起这块老旧的怀表看了看,说值 30 元钱,小孩回家告诉了妈妈。妈妈又叫他找一个有钱的老板问问价,老板看了看说,表虽然破旧,但表壳还是很精致的,愿意出 270 元钱买下。这个价格是钟表店老板所出价钱的 9 倍,小孩很开心,立马回家把情况告诉了妈妈。妈妈又叫他拿去典当铺,典当铺老板仔细地看了一遍,说可以出 3 万元钱买下,小孩很是高兴,急忙回家告诉了妈妈。妈妈又叫他拿去博物馆,博物馆的专家仔细地查看了怀表,说值 30 万元,这让小孩感到特别惊讶,惊喜地跑回家告诉了妈妈。这时妈妈问孩子:同样一件东西,为何在不同人眼里的价格不同? 这块怀表从 30 元到 30 万元,价格相差万倍,原因是有的人只看表象,有的人能看到一部分本质,而有的人能看到表象背后的真实内涵,其中的关键在于懂与不懂。文化就像故事中的老旧怀表,也关乎懂与不懂。

在中国,夏季最热的时候叫"三伏天",其中蕴含很多知识。例如,"三伏天"有长短之分,短的有 30 天,长的有 40 天之多。"三伏天"还有"公母"之分,按照中国农历,如果入伏当天是单数日期,就叫"公伏";如果入伏当天是偶数日期,就叫"母伏"。还有很多民间俗语指导人们的生活,如俗语说"公伏凶,母伏爽","雨淋公伏头,晒破狗舌头;雨淋母伏头,炕头起蘑菇",也就是说,"公伏"年份的天气特别炎热,"母伏"年份的天气比较凉爽,雨天偏多。人们知道了这些知识,就可以借此来应对生产和生活中的各种问题。

再例如,中国古人总结出的看云识天气的农谚"早烧阴来晚烧晴",即早上日出时有火烧式的红色云彩,接下来会是阴雨天气;下午日落时有火烧式的红色云彩,接下来会继续晴好天气。这些都是人们从书本或者老人那里学习得来的知识,可以在现实生活中加以应用。通过观察早上日出时和下午日落时太阳周围的云彩来判断天气,特别是农民在判断"双抢"时节的天气时非常有效,能帮助安排农业收获与播种。

2. 文化是规范

文化是约束人们行为活动的各种准则和要求,只要人们认可其中的条条框框,就会用以约束自己的言语和行为。例如,生活在淮河流域的人们往往会遵从一个习俗规范,即在为新生儿举办百日宴或者周岁生日宴时,通过向前来贺喜的亲朋好友派发红鸡蛋——是男孩就派发九个红鸡蛋,是女孩就派发六个红鸡蛋——以此告知他们新生儿的性别。

文化积累越多,办起事来的敬畏之心就越多,往往有一种"如履薄冰""如临深渊"的感觉。就像我们开汽车,刚学会开车时,往往抱有侥幸心理,有时会选择忽视交通规则;在遇到、看到甚至经历过惨烈的交通事故之后则渐渐有了敬畏之心,越来越关注交通规则,胆子越来越小,开车也越来越谨慎。

在中国文化中,走亲访友和拜访他人往往需要带上礼品以示尊重和友好。例如,唐朝贞观年间,西域的回纥国是大唐的藩属国。一次,回纥使者带了一批珍宝和一只珍贵的白天鹅去觐见唐王,可是白天鹅在途中突然飞走,使者迅即扑抓,可没抓回,还是让它飞走了,只拔下了几根鹅毛。使者为自己的过失感到担心害怕,无奈之下,只好在说明原委之后把抓到的鹅毛献给了唐太宗。唐太宗并没有怪罪于他,反而觉得他很诚实,不辱使命,予以嘉奖。从此,"千里送鹅毛,礼轻情意重"的故事也在民间传为佳话。

文化在现实生活中也有各种规范的应用。例如,我们国家在进行申报户口登记的时候,一般使用二字、三字或者复姓四字的姓名登记规则,违反规则的往往不予登记,从而规范了人们的取名行为。

再如,在英国,不得对年龄在18岁以下的青少年售卖酒品。笔者于2008年去英国访学,与几位同事一起去酒吧,服务员要求我们出示护照,我们说没带，他便指着我们之中一位个头矮小、穿粉红色衣服的女同事说，她不能喝酒，酒不能卖给她。问及原因后我们才得知，服务员认为这位同事可能不满18岁。我们想变通一下，问服务员能不能给一个空杯，服务员看穿了我们的意图，竟然拒绝卖酒给我们所有人，我们只好离开这个酒吧。

### 3. 文化是修养

文化实际上是指一个人对道理的领深悟透，对言行规范的应用自如。我们在日常生活中经常说一个人有文化，实际上是说这个人有深厚的知识积累和丰富的社会阅历，而且能够用这些知识和经验来规范自己的言行，让自己举止优雅，言语得体，给他人留下彬彬有礼的印象。这种人往往被人们称作文化人。例如，一家人在一起吃饭，有的小孩看见自己喜欢吃的菜往往忍不住先夹起来吃，还有的小孩要等家人坐齐了，等长辈先动筷子后才开始吃，这是一种敬重长辈的修养。

一个文化积淀深厚的人，往往在为人处世方面表现得谦逊有礼；而一个文化积淀不够的人，往往会以偏概全，只知其一不知其二。例如下棋的时候，有人盲目追求"乱中取胜"，所以在摆棋局和对弈之时常常不讲逻辑，不顾全局，急躁冒进，导致每次都以惨淡的落败告终。要想在下棋中取胜，一定要懂棋理，设置一个"进可攻，退可守"的战略布局，才不至于被一击即溃。

现代人追求自由的理念，倡导独立的个性，有些人会因此失去了本分和原则。在工作中，他们过于自私，个人利益至上，导致与同事的关系紧张；在家庭中，他们只讲究权利，忽略责任，最后导致家庭的破裂甚至解体。这些都是对文化理解不够全面透彻，对文化应用过于偏颇的结果。

### 4. 文化是信念

说文化是信念，是因为很多人愿意接受和遵从其作为约束自己言行的理念。信则用以约束自己的言行，不信则规避开来，放任言行。例如，在中国有些地方的婚俗文化中，女孩在出嫁当天所穿的鞋是不能再穿回娘家的，如果穿着回了娘家，将来就可能面临被休（现代叫离婚）的结局。很多人因相信这种理念而自觉遵从，也有人因不信而忽略这个习俗。

生活在一定文化圈内的人，因耳濡目染，对某些文化已经有了认知，思想观念或多或少地受到了潜在影响，以约束自身的言行。例如，在中国，人们对于结婚的男女，普遍接受男性年龄略大于女性的情况，对女性年龄大于男性的则持排斥态度。年龄大的女性与年龄小的男性结婚，且年龄相差较大的,往往被看作稀奇的情况。媒体上经常出现的如"30岁男人迎娶68岁富婆"这样"刺激"的新闻标题,就是对这种观念的反映。而在西方社会里,作为结婚对象的男女之间往往不会受到年龄的影响,年龄差异不是问题,并不会引起太多关注。

二、文化的分类

文化的涵盖面很广,涉及人们生产和生活的方方面面。人们对文化的理解可谓仁者见仁智者见智,认知的角度不同,对其内涵的理解也存在差异。

从本质上看,文化有浅薄、平常与厚重之分,也有低俗、普通与高雅之别。人们通常将那些符合社会推崇的道德标准和审美价值的事物和行为视为高雅文化,而将违背一定社会道德价值观念的事物和行为视为低俗文化。而介于高雅文化与低俗文化之间的通常被称作通俗文化,也叫大众文化。例如,茶道、书法等属于高雅文化;大鼓书、酒文化、节俗文化、婚丧文化等则属于通俗文化;闹洞房、荤口笑话等包含暴力、色情内容的文化属于低俗文化。

从内容上看,文化有表层的可视形态,也有深层的无形理念。我们日常生活中的头饰、服饰等就是可视形态的文化,如穿着的简奢、妆容的浓淡等。而我们处理事情的方式和态度属于深层的无形理念,如待人接物时是盛气凌人还是谨慎谦和,工作时是逐小利还是看大局,做决定时是立足眼前还是放眼长远,等等。

从地域上看,有本土文化和外来文化、城市文化和农村文化、东方文化和西方文化、大陆文化和海洋文化等;从时间上看,有古典文化、现代文化和当代文化等;从宗教信仰上看,有基督教文化、伊斯兰教文化、佛教文化等;从生产方式上看,有农业文化和游牧文化、自给文化和商业文化等;从人文属性上看,有科学文化和人文文化等;从内涵结构上看,王秉钦将其分为"物质文化、制度文化和精神文化"[①],邢福义将其分为"物质文化、制度文化和心理文化"[②]。笔者认为,根据文化的层次特点,可以将文化分为浅层可视可感的物质文化、中层可言可循的规制文化和深层可信可用的观念文化。

---

① 王秉钦. 文化翻译学. 2版. 天津:南开大学出版社,2007:3-4.
② 邢福义. 文化语言学. 武汉:湖北教育出版社,2000:8.

## 三、文化的功能

文化不仅是一种存在的形式，还是具有一定现实作用的工具和手段。人们可以利用文化来处理生产和生活中的各种问题。

### 1. 文化是处世的原则

文化是为人处世的基础原则，懂文化则了解其价值所在，并能采取恰当的方式方法来处理相关问题。以中国人对老虎画像的认识为例，在中国文化中，老虎为百兽之王，是权威、勇敢、坚强、威武的象征，因此中国人有挂老虎画作的习俗。但老虎的画作有"上山虎"和"下山虎"之分，人们需要在认知的基础上遵循一定的原则。只有懂得"上山虎"和"下山虎"的内涵差异，才能做出正确的判断和选择（见图2-1、图2-2）。

图 2-1  上山虎　　　　　　　　图 2-2  下山虎

"上山虎"是老虎吃饱喝足归山的形象，呈现为向上攀爬的姿态，有步步高升的寓意，也有平安的寓意，还有傲视群雄之意。"下山虎"是饿虎下山觅食且异常凶猛的形象，人们认为其有震慑邪灵的作用，以及"辟邪"和"拼搏求财"的寓意。人们对"上山虎"和"下山虎"有不同的认知，有"上山升官，下山发财"的说法，也有"上山去学艺，下山学成归"的说法。鉴于人们对"上山虎"和"下山虎"的认知，老虎画作常常作为中堂画挂在客厅和书房，一般居家只挂"上山虎"，不挂"下山虎"，"下山虎"一般都挂于衙门公堂之内。

2. 文化是交际的工具

理解文化就可以选择适当的交际方略，以避免交际的误差。在中国，人们往往以"关心对方事务"作为见面时的问候方式，如"吃过饭了吗""上班去吗"等；而在西方社会中，个人事务往往被认为是个人隐私，不便涉及，故问候往往以"时间点"为中心，如早上用 good morning，下午用 good afternoon，晚上用 good evening，等等。在了解这种差异的基础上，人们在互致问候时可以进行灵活的调整和应对。

在跨民族、跨地域的交际过程中，对文化缺乏了解往往会造成交际的失误。例如，有人在对外宣传报道中将"金鸡奖"译成 Golden Cock Prize，殊不知 cock 除了表达"公鸡"的意思外，还在日常英语俚语中被人们视作"男性性器官"的代名词，如在厄普代克(John Updike)的小说《倒扣的王牌》(*Ace in the Hole*)中有个描写主人公 Ace 行为的句子：He cocked the cigarette toward the roof of the car.（他咬紧香烟，香烟翘向车顶。）该句中，用作动词的 cock 是描述香烟"像男性生殖器勃起后翘起一样"。[①] 如果了解这一点，就应该回避 cock 的使用，用英语中另一个没有歧义的单词 rooster（雄鸡）来翻译"金鸡奖"中的"鸡"，将其译作 Golden Rooster Awards，这样就避免了误解。

## 第二节 文化的属性

文化是人类在社会历史发展过程中创造的物质财富和精神财富的总和，涵盖了一个国家或民族的历史、地理、风土人情、传统习俗、生活方式、文学艺术、行为规范、思维方式、价值观念等诸多方面。文化是一种姿态，是一个民族交际的理念、处世的态度和生存的方式。文化具有民族性、地域性、历史性和层级性等主要特征。

### 一、文化的民族性

民族性是一个民族或者族群基于文化认同所具有的区别于其他民族或者族群的个性特征，包括器物形态、服饰款式、房屋建筑等物质载体，语言文字、饮食习惯、生活方式、行为活动、艺术形制等规制载体，以及长期延续的

---

① 转引自张中载，张毓霖. 大学英语教程(6). 北京：外语教学与研究出版社，1987.

思维模式、思想观念等多个方面。

任何文化都与本民族的生产和生活现实存在着密切的关联。不同民族的发展历程、生活环境、生产和生活方式、生活态度等存在显著的差异性,由此衍生出的物品类型、行为举止、社会规范、风俗习惯等必然有不同于其他民族文化的独特之处。

1. 物产的民族化

物产往往与人们所处的气候、地理环境存在密切关系。例如,位于亚欧大陆东部、毗邻太平洋的中国幅员辽阔,跨热带、亚热带、温带和亚寒带等气候带,地形也多种多样,有高原、盆地,也有高山丘陵、平原大地,还有草原戈壁、沙漠绿洲,因而物产极其丰富。特别是在农耕文化底蕴深厚的江河流域,那里物产资源丰富,包括农产品及其副产品、生产工具、生活物品等。以具有中国特色的"茶"为例,中国茶有不同的命名方式,有以产地命名的,如"普洱茶""高山云雾茶";有以泡制的颜色来命名的,如"红茶""绿茶";有以泡制工艺命名的,如"功夫茶";有以采摘人员的身份命名的,如"女儿茶";等等。相比之下,英国属于岛屿国家,西邻大洋,东望大陆,位于高纬度地带,地形比较单一(主要是草原),物产资源也比较匮乏,因此英国以牧业、纺织业等产业为主,拥有游牧文化色彩浓厚的功利实用文化。

汉语里的很多物产在英语中找不到对应的表达,例如"豆腐"($tofu$)、"荔枝"($litchi$)、"粽子"($zongzi$)等。"竹子"(bamboo)一词源于日语,"茶叶"(tea)一词源于闽南方言,"瓷器"(china)一词源于古时瓷都景德镇附近的一个地名。同样,英语中的某些物产在汉语中也没有对应,如英语中根据面包的制作工艺、原料、味道、类别等,分别有 bread、bun、cookie、bread stuff 等不同的说法。

以中国特有的白白嫩嫩、软软乎乎的"豆腐"为例。很多人用 bean curd 来翻译,其实不妥,因为豆腐有很多类型,如"豆腐脑"/"豆腐花"(uncongealed $tofu$)、"豆腐干"($tofu$ cake)、"豆腐丝"(chipped $tofu$)、腐竹(dried soya cream)、"臭豆腐"(zymolytic $tofu$)等。

2. 习俗的民族化

文化民族性的核心在于反映本民族的生活现实。不同的民族受其发展历程的影响,形成了各自的特色习俗。一个民族的习俗对另一个民族来说是陌生的,有时甚至是不可接受的。在中国,汉族长期以来受宗族制度的影响,产生了特殊的纲常礼仪、婚嫁习俗、丧葬习俗等。例如,婚嫁习俗中,在婚庆的颜色是红色;在丧葬习俗中,丧色为白色,且晚辈亲属通常需要披麻戴孝。而在西方社会中,婚庆的颜色是白色,丧色为黑色,参加丧礼的人都要佩戴黑色袖套。

再如,要辨别妇女是否已婚,在古代中国是通过其发髻来判断的;在印度,女性要在前额上贴一个红色标记,未婚女性往往是圆形的鲜红色的标记,已婚女性则是桃形的暗红色的标记;在西方社会,则是通过妇女佩戴在手指上的戒指来判定的,戴在小指上表示独身,戴在中指上表示已有心仪的对象或者已经订婚,戴在无名指上表示已婚。

又如,中世纪的欧洲各国为土地等资源而混战,民间形成了争强好胜之风,剑成为人们生活中的必需品。人们羞于怯弱,为了展现勇猛,兴起了"一言不合,生死相向"的决斗文化(见图2-3)。

图2-3 欧洲人的生死决斗

图2-4 日本人的倒酒礼仪

在礼仪习惯方面,很多国家在聚餐时都有先往其他人的杯子里倒酒,然后再给自己倒酒的习惯。但日本就不一样,你可以给其他人的杯子里倒酒,却不能给自己倒,只能等别人注意到你的杯子是空的,再给你倒上(见图2-4)。

以见面礼仪文化为例,美国人见面握手,德国人和意大利人见面亲吻面颊(德国人仅亲吻左侧面颊;意大利人则先亲吻右侧面颊,再亲吻左侧面颊),日本人见面鞠躬,泰国人见面双手合十(双手置于胸前,再低额触碰指尖),法国人见面拥抱(右臂偏上,左臂偏下,头部及上身先向左,后向右,再向左,共三次),等等(见图2-5)。

图 2-5　不同国家的见面礼仪

3. 观念的民族化

思想观念往往是通过教育（包括家庭教育、学校教育和社会教育）逐步形成的人生观和价值观，属于意识形态的范畴。在观念文化中，中华文化以"德"为主导，西方文化以"利"为主导，观念决定了行为的走向和表现形式。

例如，在希腊神话中，底比斯国王俄狄浦斯在不知情的情况下杀死了他的父亲拉伊俄斯，并娶了他的母亲伊俄卡斯忒，由此衍生出了 Oedipus complex（恋母情结）。俄狄浦斯的娶母行为在中华民族的文化观念中属于乱伦，为大众所不齿，因此与中国人的伦理观念发生明显冲突。

美国哈佛大学教授查普曼（David Chapman）在一场讲座中讲到中国神话故事和古代伟人事迹时曾激情澎湃地表示：中华民族的特征就是抗争。他将中华文化与西方文化进行对比，通过中国神话故事来解读和分析中国文化的内核与中华民族的个性特征，突出了中国人敢于抗争、不屈不挠的精神，体现了中国人民的智慧和勇气。表 2-1 列举了中西文化不同的喻指蕴含。

表 2-1 中西文化的喻指蕴含

| 文化 | 火种来源 | 遭遇洪水时的应对方式 |
|---|---|---|
| 中国文化 | 钻木取火：上古时代，人们用尖石或者硬木持续高速摩擦木材，产生热量，点燃木材，生出火来。 | 大禹治水：华夏的祖先大禹带领民众治理洪水，战胜洪水。 |
| 西方文化 | Prometheus' Fire: A Titan named Prometheus stole fire from heaven and gave it to humankind. | Noah's Ark: God sent a flood of 40 days raining to destroy the earth, Noah was instructed to build an Ark and to retreat with his family and male and female representatives of all animals. |

## 二、文化的地域性

文化的地域性是指文化在受到地理位置、气候环境等自然因素的影响下而形成的语言符号、物态形式、制度规范和思想观念等独特形态，在一定的地域范围内具有一定的普遍性和约束力，需要所有成员接受和遵循。

不同民族的生存地域存在地理环境上的差异，因而与之相关的气候、地形、生物，以及生产生活方式、社会结构、风俗习惯等自然背景和社会背景也必然存在显著的差异性。正如英语俗语所说 East is East, and West is West, and never the twain shall meet。《晏子春秋》中也有类似的表达："橘生淮南则为橘，生于淮北则为枳。叶徒相似，其实味不同。所以然者何？水土异也。"文化具有鲜明的地域性特征，地域环境不仅影响人们的生活习惯，还对语言、规制和观念产生影响。

1. 语言具有地域性

语言在不同的地域存在语音、形态、含义和使用上的差别。例如，在中国的临海地区，人们吃鱼时不能说"翻过来"，因为沿海渔民在海上作业时最害怕的就是遇险翻船，造成人员伤亡；在山区生活的人们在山上作业时最忌讳说"滚下来"，因为山高坡陡，人若滚下来定会是凶多吉少。同在中国，大陆的"菠萝"在台湾被叫作"凤梨"，大陆的"土豆"在台湾被叫作"花生"，大陆的"熊猫"在台湾被叫作"猫熊"。

在不恰当的时间、地点说了不该说的话，总会给自己带来麻烦。有一个方言惹祸的逗趣故事。两个重庆人在"十一"长假期间结伴乘火车到北京游

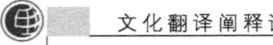

玩，两个人都是第一次去北京，对北京不熟悉，于是在火车上打开地图研究旅行路线，制订旅行计划。一个说："你看今天我们哪个整呢？"另一个回答说："先杀①天安门，再杀中南海噻。"结果两人被听到的群众举报，刚下车就被带到了派出所，经过数小时的审查盘问，两人费尽口舌才向民警解释清楚，被放了出来。出来后，两人走在大街上，一个对另一个抱怨道："你哪个一直不开腔②哦？"另一个回答说："你都不开腔我哪个开腔嘛？"结果又被群众举报，他俩又被请进了派出所，好不容易把事情说清楚了，才又被放了出来。第二天，他俩去天安门，边走边聊，一个说："我们走王府井去看看有啥子要事没得？"另一个回答说："还是明天去算了，我今天身上没有带好多子弹③。""怕啥子嘛，你子弹打完了我身上还有噻，我今天带的子弹多，够我们两个用的了。"这些话刚好被执勤的武警听见，武警立马把两人按倒在地，又将其带到办公室里审查盘问，最后两人又解释了好一会儿才被放了出来。

2. 物产具有地域性

不同民族所处的地域不同，物产上也存在一定的差异。例如，在海边生活的民族，其物产主要是水产品，其习俗也往往与水有关，如浙江象山的"开渔节"等；生活在草原地区的民族，其物产主要是畜产品及其附属产品，其习俗也往往与畜牧业有关，如我国藏族人民在藏历七月会举行"当吉仁赛马会"等；生活在平原地区的民族，其物产主要是农副产品，其习俗也往往与农业有关，如汉族的"春节"意在庆祝上年的丰收和展望来年的成就。

物品往往因为服务于一定的目的而产生，进而影响人们的行为。例如香水，中国人使用的化妆品一般倾向于清新淡雅，而西方人使用的化妆品往往作为中和或者化解体味（特别是狐臭）的掩饰品，倾向于浓郁。因此，一些特殊的行业和习惯等相应产生，例如法国盛产香水等。

3. 规制具有地域性

地域不同，还会形成形制、规范和习俗方面的差异。在中国，受地域自然气候、环境的影响，房屋建筑的形态存在显著的地域差异性。南方降水频

---

① 杀：在重庆方言里是"去、到"的意思，比如说"杀馆子"是说到饭馆吃饭，"直杀火车站"指径直到火车站。

② 开腔：在重庆方言里是"说话"的意思。"开腔"与"开枪"发音相同，因而造成误解。

③ 子弹：在重庆方言里是"钱"的意思，因为重庆人喜欢把打麻将作为娱乐活动，而且会带上一点小钱作为玩资，当地人习惯把打麻将用的小钱称作"子弹"。

繁而量大，房屋的屋脊多为陡坡，便于排水（见图2-6）；而北方降水较少，房屋的屋脊多为舒缓的斜坡（见图2-7），甚至采用平顶。

图2-6　雨水丰沛地区的陡坡屋脊

图2-7　雨水稀少地区的缓坡屋脊

在美国，因地域的不同，人们的认知存在一定的差异性，所以在法律方面有不同规定。2018年，美国的50个州中有华盛顿州、俄勒冈州、加利福尼亚州等8个州的法律规定，成年人食用大麻合法，而其他各州的法律仍然视大麻为违禁毒品，食用大麻会被认定为吸毒犯罪。

文化的地域差异性，常常导致跨文化交际中文化的缺位。由于竹子这种植物只能生长在亚热带环境中，属于温带海洋性气候的英国并没有这种植物，因此汉语中的"雨后春笋"在英语中出现了文化缺位的现象。然而，为英国人所熟知的mushroom（蘑菇）和竹笋的生长特点具有明显的相似性，即在一定温度和湿度条件下生长非常迅速，故而在英语中用like mushroom来表达汉语中"雨后春笋"的意思十分合适。

### 三、文化的历史性

任何文化都是不同民族在自身的发展历程中累积起来的精神成果，它往往与该民族的宗教哲学思想的发展、社会经济制度的变更、文学艺术的革新等有着密切的关联。因而,在文化发展的历程中,人们对事物的称谓、观念也会随历史的发展而变化。例如,历史上南京几番更换城名,在不同朝代分别有"金陵""建业""建康""天京"等不同的称谓。"南京"这一名称始于明代。

不同民族在不同的历史时期存在疆域的变迁、制度的革新、文学艺术的发展等,因而形成了很多具有民族历史属性的文化词。例如,汉语中的"宰相""倭寇""汉奸""同志""焚书坑儒""鸿门宴"等,英语中的 knight(骑士)、Enclosure Movement(圈地运动)、Industrial Revolution(工业革命)、Prisoner Abuse Event(虐囚事件)等都是在特定的历史时期出现的文化词。

文化的历史性也常常导致跨文化交际中文化的缺位。例如,汉语中"洋火""洋钉"等说法是在特定历史时期出现的产物,因为当时中国不能自行生产这类物品,要靠直接进口或者进口技术。这样的物品一般都冠有"洋"字,有些词语沿用至今,如"洋酒""洋表""洋车"等。

### 四、文化的层级性

文化的层级性是指文化具有相互关联和表现内容的层次化特点。文化有以物质形态存在的表层文化,如中国传统的"四水归堂"的建筑形态;有中层的规制文化,通过规则制度来规范人们的行为举止,如中国传统的"男不露脐,女不露皮"的服饰规范;还有深层的观念文化,通过从小习得的认知观念来影响人们的思想走向,如中国传统的"仁""礼"等处世观念。

文化还有雅与俗的层级之分,但不同的人有不同的分类标准,有的人视古为雅,视今为俗;有的人以寡为雅,以众为俗;有的人以远为雅,以近为俗;有的人以静为雅,以动为俗;有的人以虚为雅,以实为俗。

一般来说,俗文化是指以通俗浅白的形式存在或者活跃于民间百姓之间的下层文化,主要包括流传民间的言语、器物、技术、工艺和说理故事等。俗文化通常是支配人们生存、生产和生活的思维路径和行事规则。雅文化是指以标准纯正、典雅高深的形式出现的物质形式、工艺技术和思想观念等高级文化形式。雅文化往往会成为指导人们生产活动和生活行为的理念意识和行为规范。在中国传统文化中,琴、棋、书、画、诗、酒、花、茶历来被看作雅文化,俗称"八雅"。

# 第三章
# 英汉文化差异

　　文化是在社会发展进程中经过历史的汰洗而沉留和积淀下来的规则制度和思想观念。在文化起源和发展的过程中，文化必然受到自然环境和社会环境的深刻影响。由于地理环境的不同，自然物质之间必然存在差异，与之相适应的生活方式之间也必然存在差异。不同国家的习俗各异，各自具有独特的文化特征，因而表现在语言上也有差异，也会衍生出行为习惯和思想观念的差异。同一国家、地区，也会出现文化习俗与观念方面的差异，即使是个人，也会由于地域、职业、性别、受教育程度、社会地位等方面的不同而呈现出差异。

　　文化是最具影响力的因素，人的一言一行、一举一动，都会自觉或不自觉地反映一定的文化，既可以表现为语言符号的差异，又可以展现民族性格、逻辑思路和处事原则等文化内涵的差异。

　　文化也是对事物行为的判断标准。对同一事物或者现象，不同的群体因评判标准不同而存在认识上的差异。例如，在非洲50多个国家中，有30多个国家有割礼的习俗存在，其中，在肯尼亚、乌干达、埃塞俄比亚、索马里、苏丹等国家，有大约80%的男女都施行过割礼手术。据说割礼是一种源于犹太教的习俗，用以确定犹太人的身份，是婚姻许可的标志。而对于其他欧亚国家和民族来说，这种习俗是违背人性的，在世界卫生组织的努力下，女性割礼在非洲逐步废除。

　　不同文化圈对文化的认知也存在差异，以中国文化圈与欧美文化圈为例，二者的认知也存在一定的差异性（见表3-1）。

表 3-1　中西文化的雅俗认知差异

| 文化圈 | 古典音乐 | 京剧 | 裸体画（雕塑） | 喝茶 | 喝咖啡 |
|---|---|---|---|---|---|
| 中国文化圈 | 高雅 | 通俗 | 低俗、淫秽 | 通俗 | 高雅 |
| 欧美文化圈 | 通俗 | 高雅 | 通俗 | 高雅 | 通俗 |

文化是一个民族特有的历史性经验和规范的积淀，了解了文化就会感知到文化深邃的魅力。然而，东西方文化因为各自的社会发展环境和历史背景的不同，而具有各自鲜明的特征。

中华民族长期以来主要生活在黄河流域、长江流域、珠江流域等沿河区域，依山傍水而居，又受到山河的自然阻隔，形成了不同的区域环境。人们往往在一定的区域内群聚而居，并依附当地的自然环境从事自给自足的农耕生活。随着时间推移，通过对自然的认识和生活经验的积淀，人们形成了以农耕为特色的文化风俗体系。出于对自然的敬畏、对自然现象的阐释以及对族群秩序的维护，衍生了道教、儒教、佛教等不同的哲学流派和社会文化学派，各类哲学思维和治国理家的思想融合在一起，形成了以"刚健有为""贵和尚中""崇德利用""天人协调"为基本特点，独具陆地农耕特色，充分体现中华民族的精神形态和特征的中国文化，主要体现在思想哲学、语言艺术、社会风俗、礼仪规范等诸多方面。

西方文化在"牧牛羊为业，逐水草而居"的希伯来民族游牧文化、"追求真理、细思敏察"的古希腊罗马哲学艺术文化和倡导"忠、信、诚、爱"的基督文化的影响下，形成了独特的海洋—游牧文化体系。阿诺德（Matthew Arnold）曾指出，西方文化就在希伯来文化和古希腊文化之间运动。①

中西文化的差异性催生了民众的独特个性。在餐饮习惯方面，中国人习惯吃热食、熟食，因此衍生了围桌的团体共餐习惯。中国的火锅餐、团圆饭等都体现了中国人典型的"热气腾腾、团聚围坐"的饮食特色；而西方人习惯吃生冷的食物，因此衍生了分桌的个体独食习惯。

在生活倾向方面，中国人喜欢喧嚣的白天，有"日出而作，日落而息"的习惯，大家喜欢热闹，群聚而居，如中国有相同姓氏的人聚居的村落，更多人喜欢居住在繁华的城市；而西方人喜欢静谧的黑夜，喜欢不受干扰，独自享

---

① 阿诺德.文化与无政府状态：政治与社会批评.韩敏中，译.北京：生活·读书·新知三联书店，2008：96.

受，更愿意居住在安静的郊区或者乡村。

在情感表现方面，中国人往往表现为外冷内热，通常会给人不苟言笑、严肃呆板的印象，但中国人讲究忠孝节义、乐善好施，如在拜访与见面前无需预约，接受礼物时往往要客套性推却，等等；而西方人往往表现为外热内冷，通常会给人幽默大方、亲和善良的印象，还有很多内在的规矩，如拜访与见面需要提前预约，接受礼物都要夸赞，等等。

## 第一节　英汉文化的渊源差异

任何文化都有其赖以产生、存在和发展的自然环境和社会环境，但由于环境的差异性，其文化内涵必然存在不同。

### 一、英汉文化的渊源

英汉历史文化存在很多差异，往往因其文化产生、发展的自然环境和社会环境的差异所致，如海洋文化与大陆文化带来的处世原则差异，游牧文化与农耕文化带来的生产生活方式差异，科学文化与人文文化带来的思想理念差异，以及自给文化与商业文化带来的经济形式差异等。

1. 海洋文化与大陆文化

海洋文化是指以海洋为生存、生产和生活背景而形成的文化，是人们在与海洋相关的生产生活中对海洋认识的经验积累形成的文化，包括与海洋相关联的事务、活动、行为方式和思想观念等。

海洋文化是人类对海洋本身的认识、因为海洋而创造出来的精神的、行为的、社会的和物质的生活内涵。海洋文化的本质，就是人类与海洋的互动关系及其产物。[①] 海洋文化涵盖与海洋相关的物质形态、习俗观念、语言表达、经济结构、法规制度和文学艺术等内容。

海洋具有地域的广袤性、气候的多变性以及危险的不可预测性等特点，人们为了适应与海洋有关的生活，克服困难，规避风险，从而形成自由意识、危机意识、竞争意识、开创意识和掠夺意识等具有鲜明海洋文化特色的民族个性与风格特点。世界历史上，先后有葡萄牙、西班牙、荷兰和英国等凭借

---

① 曲金良. 海洋文化概论. 青岛：青岛海洋大学出版社，1999：5.

航海技术发展起来的海洋强国,从 15 世纪到 19 世纪中期,不断凭借武力向外拓展,攻城略地,殖民扩张,控制贸易,掠夺财富。海洋文化衍生了很多与海洋生物、航海船舶有关的表达,详见表 3-2。

表 3-2　源自海洋文化的语言表达与含义

| 英文表达 | 中文含义 | 英文表达 | 中文含义 |
| --- | --- | --- | --- |
| know the ropes | 内行,行家里手;轻车熟路 | clear the decks | 严阵以待 |
| sail one's own boat | 独立行动;孤身奋战;自食其力 | all at sea | 晕头转向 |
| as close as an oyster; as dumb as an oyster | 守口如瓶 | plain sailing | 一帆风顺,一路顺风 |
| cast (lay, have) an anchor to windward | 未雨绸缪 | rest on one's oars | 小憩 |
| tide over | 安然无恙;有惊无险 | keep one's head above water | 奋力求生 |
| go with the stream | 随波逐流 | the best fish swims near the bottom | 千金易得,一将难求 |

大陆文化是指以大陆为生存、生产和生活背景而形成的文化。生活在陆地上的人们往往依山傍水而居,因受到山川等地形的阻隔影响而形成封闭的块状区域及其衍生的生活模式,具有稳定性和依赖性等特点,追求厚重、典雅和精致的风格。中国文化就是典型的大陆文化,人们为了适应与陆地有关的生活,从而形成了乡土意识、安稳意识和保守意识等具有鲜明大陆文化特色的民族个性与风格。在汉语里有很多与大陆文化相关的意在"求安求稳"的表述,如"山不转水转,人不转路转""一方水土养一方人""在家千日好,出门时时难",等等。

2. 游牧文化与农耕文化

游牧文化是指以草原为依托,以放牧和狩猎为主要生活方式,因草场变化而不断迁徙,以游牧生产生活方式为背景而形成的文化,包括与游牧生活有关的服饰、饮食、礼仪以及与之相适应的风俗习惯、文学艺术等。例如,在游牧文化里,由于人们常年处于动态迁徙的过程中,死后采用天葬的习俗,即让鸟或者野兽将尸体吃掉的丧葬习俗。

农耕文化是指以土地为基础、以耕作为方式、以播收为目的、以农业生产生活习俗为背景而形成的文化。农耕文化是人们在农业生产生活实践中创造出来的物质财富和精神财富的总和，涵盖农业技术、农事制度、节日习俗、饮食娱乐等。在农耕文化中，饮食习俗、节庆习俗都与农业相关，例如在中国，中秋节是庆祝丰收的节日。在汉语中，有很多成语、俗语等都与农耕文化息息相关，例如"精耕细作""春生夏长""斩草除根""顺藤摸瓜""瓜熟蒂落""五谷丰登""解甲归田""日出而作，日落而息"等。

3. 科学文化与人文文化

以"物"为主要的目标对象，强调客观性和严密的逻辑性的文化被称为"科学文化"，西方文化就被认为是"科学文化"之一。例如，西药的制造就是一个科学研究的过程，即需要经过多次化学合成实验和人体临床实验后，西药才能被推广到医院作为药品试用。

以"人"为主要的目标对象，具有鲜明的主观性和浓郁的抒情性的文化被称为"人文文化"或者"艺术文化"，中国文化就是一种"人文文化"。在中国文化中，人们重视人文教化，即通过经典著作的诵读以达到教化的目的。汉语中有众多经典著作，如《三字经》《弟子规》《千字文》《论语》《唐诗三百首》等，让孩子从小诵读这些著作，可以达到了解世事、深谙事理、教而化之的目的。

4. 商业文化与自给文化

商业文化是以商品为载体、以营销为手段、以契约为约束和以逐利为目的的文化模式。以逐利为目的的西方文化通常被认为是"商业文化"。在商业文化模式下，人们往往通过广告推销、产品创新、提质增效等手段来实现利润的最大化。商业文化具有强大的推进动力，具有鲜明的张扬、拼搏的特点。

自给文化是以自然农业为基础、以自给自足为目的、以伦理规范为约束的文化模式。以德行为中心、以劳作和付出来生产出满足生活需求的物质产品的中国文化通常被认为是"自给文化"。在自给文化模式下，人们很容易产生满足于现状的心理，缺乏进取的动机和激情，产生自我封闭的思想。自给文化具有保守、安逸的特点。

## 二、文化差异形成的原因

为什么人们的认知和习俗会各不相同、各有特色呢?其根源在于人们长期生活的文化环境。

### 1. 多元崇拜与一元崇拜

中国文化推崇多元崇拜,深受佛教、道教、儒教等的多重影响,崇尚人本德行的价值观,有对立统一的哲学观、"君仁臣忠"的社会观、"父慈子孝、夫唱妻随、兄亲弟恭"的家庭观、"善缘因果"的道德观,等等。而西方文化推崇一元崇拜,民众大多是基督教徒,崇尚功利价值观,上帝是他们的唯一崇拜对象,因而造就了相对平等的观念,有"父子平等、夫妻平权"的家庭观念,等等。

以婚姻为例,在中国,结婚是集体观念的实现,中国人崇尚"白头偕老""从一而终"的理念,将家庭的稳固和发展视为责任和义务,因此,在中国,家庭一旦组成,就不能轻易离婚。古代"休妻"的三大前提是"不忠于夫、不孝于亲、无后于家"。现代,虽然离婚的现象多于古代,但与西方国家相比,离婚率相对较低,这也是中国单亲家庭的子女会更受重视和关注的原因之一。在西方国家里,结婚被看作是个人权利的实现,形式通常很简单,欲结婚的男女去教堂邀请牧师主持仪式,通知亲友到场见证即可。结婚容易,离婚也很简单,只要双方同意,随时可以解除婚姻关系。因此,在西方社会里,单亲家庭子女的存在很普遍,也很正常。

### 2. 情缘与契约

在中国文化中,人们追求家国同构理念,接受国法和家规的制约,讲地缘、血缘亲情,重朋友、熟人情谊,对契约精神的追求不高。因此,在中国文化里有"乡党""二人同心,其利断金""打虎亲兄弟,上阵父子兵"等说法。在西方文化中,人们追求利益交换,崇尚契约精神。契约精神是西方社会的主流,"契约"(contract)一词源于拉丁文 contractus,原义为"交易",其本质是在公平自愿的理念的制约下从事商品和利益的交换,各取所需。契约精神是商品经济社会的产物。

### 3. 恒定性与游移性

由于中国历史从未中断,中国文化受外来文化影响较小,得以持续发展,因而具有较好的恒定性。而以欧洲文化为核心的西方文化,由于遭受外族入侵带来的文化冲击,受拉丁文化、古希腊罗马文化、日耳曼文化等文化的影响较大,因而具有游移性特点。

## 第二节 英汉物质文化的非对应性

物质文化(material culture)是指人类创造的具有一定观念内涵、技术定制和艺术审美的物质产品,包括器物、服饰、建筑等具有可视、可嗅、可感等特征的具体事物和名称,也包括表现事物内涵的具体概念。例如,汉语中的"山""水""树""花""光线""空气"等,英语中的 mountain、water、plant、flower、light、air 等。

物质文化是表层文化,与人们生活的物理环境、生活方式、生活习惯和思想观念等密切相关,灌注有民族的思维方式、认知特点、规制习俗和思想观念等方面的内涵。人们可以通过观察物质的形制、色彩、用途等方面,了解到其所具有的文化内涵。

在英汉文化中,由于文化产生、存在和发展的背景不同,由此衍生的物质文化具有非对应性特点。物质文化包括物质名称和基础概念等。

### 一、物质名称与基础概念

在任何语言中都存在大量的物质名词和概念名词,但不同民族所生活的环境存在一定的差异性。

1. 物质名称

物质是指客观存在的事物。物质往往以服务于现实生产和生活需要为目的而存在,必然与人们生活的自然环境和社会环境密切相关,因而物质名称所依附的意义也有所不同。例如,西方人是以肉类、奶制品和面食之类的食物为主,需要进行切割、涂抹等操作,因而产生了 knife(刀)、fork(叉)和 spoon(勺)等餐具。而中国人的食物品类繁多,大小不一,软硬不同,稀稠不定,需要进行戳、夹、舀等多种行为,因而产生了筷子、汤勺等餐具(见图 3-1)。

 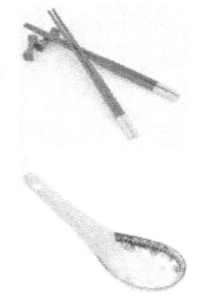

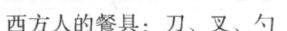

图 3-1　中西餐具的类型差异

再如,苏格兰裙是一种用花呢大方格布料制作的男式及膝百褶短裙,是英国苏格兰地区的民族服装,主要作为男子或者苏格兰军团军人的传统服饰,被称作 kilt(见图 3-2)。

图 3-2　苏格兰裙

2. 基础概念

概念是指人们在生产和生活中对事物的感知进行总结而得出的事物本质和功能性特点,是一种从感性到理性的认知发展过程。概念是人们提炼总结对事物的感知认识而形成的理性认知表达,是在一定范围内人们对事物的普遍而抽象的认识。例如,"禁酒法案"(Volstead Act,又称"沃尔斯特德法案")在美国几乎是尽人皆知的概念。该法案是由美国明尼苏达州的司法机构主席沃尔斯特德(Andrew Volstead)提出,在获得议会通过后作为修正案颁布实施的"美国禁酒令"。这项法律规定,凡是制造、售卖乃至于运输酒精含量超过 0.5% 以上的饮料皆属违法行为。自己在家里喝酒不算犯法,但与朋友共饮或举行酒宴则均属违法行为,最高可被罚款 1000 美元及监禁半年。这个概念对于外国读者来说较为陌生,如果将其表达为"沃尔斯特德法案",则读者难以知晓其内涵,如果根据其内容表达为"禁酒法案"就很清晰明了。

又如,阴阳的概念在中国也是尽人皆知。"阴阳"是一个哲学概念,中国古代朴素唯物主义思想家依据太阳和月亮的功能特点,把物质世界的万事万物概括为"阴"和"阳"两个对立的范畴,认为一切事物都是在此消彼长的矛盾运动中发展变化的,强调和谐共处的理念。阴阳理念在中国应用广泛,比如在自然界中山为阳,水为阴,人们追求山水融合;在医学养生领域,血为阴,气为阳,强调血气平衡、身体康健;在家庭生活中,男为阳,女为阴,倡导男大当婚、女大当嫁的理念,等等。很多中外学者都试图译介"阴阳",特别是关乎此概念的经典作品《易经》。对"阴阳"的译法多种多样,有 yinyang、the two opposing principles in nature、the former feminine and negative and the latter masculine and positive 等译法,但都存在文化信息不足或者偏误的问题。笔者认为,鉴于对"阴阳"概念的理解,首先要突出其"哲学"概念,其次要再现其"对立"范畴,最后要符合读者的认知。因此,笔者将"阴阳"译作 philosophical doctrine of solar-lunar alternation。

## 二、英汉物质与概念的表意的非对应性

物质和概念往往与人们所生活的自然环境和社会环境密切相关,事物与概念产生的目的、存在的意义、使用的功能和表现的特点必然存在一定的差异性。在英汉语言中,物质与概念的呈现形式不同,其内涵意义也会存在一定差异,主要表现在对应缺位、形制不同等方面。

1. 对应缺位

物质因民族和地域的差异而出现对应缺位的现象,即在一种语言里存在的表达,在另一种语言里处于缺位状态。例如,在英语中有 hair shirt 的表达,其概念是 a shirt made of rough cloth containing hair, worn in the past by people who wished to punish themselves for religious reasons(过去出于宗教原因产生的一种由粗糙的毛发制成的衬衫,希望借此惩罚自己),这个表达在汉语中处于缺位状态,因此我们只能根据其释义将其翻译为"刚毛衬衫"。

在现实生活中,这种缺位现象常常会给我们的交流带来障碍。在 2022

年北京冬奥会上,中国运动员谷爱凌在完成比赛动作后,边等成绩边吃韭菜合子,后来外媒记者采访她时问:"What did you just eat?"("你刚才吃的是啥?")谷爱凌一下子犯难了,这位从小在美国长大的女孩不知道如何用英语表达"韭菜合子",后来她幽默地回应:"My English is failing today."("我今天英语退步了。")

2. 形制不同

生活在不同自然环境和社会环境中的人,往往要在自然环境所提供的条件基础上,根据需要生产出功能适用的器物。以生活中不可缺少的睡具"床"为例,不同民族使用的床从外形结构来看存在显著差异(见图 3-3)。

图 3-3 中西卧具的形制差异

在欧美国家,床是一种用于躺卧和睡觉的家具,通常由一个扁平的矩形框架和一个有弹簧的床垫组成),是一种周边无遮无拦的卧具。

但在中国,床(汉语繁体字为"牀")表示木质的有遮挡的器具,是睡觉休息的必备用具。在中国人的理念中,作为卧具的床具有一定的隐秘性,最常见的是三面有围、一面敞开朝前的"罗汉床",有床帷的阻隔,摆放的位置一般都不会靠近窗或者门,而是在房间的里面或者深处。

再以写字用笔(见图 3-4)为例,欧美国家早期用的是大型鸟的羽毛制成的笔,叫作 quill,靠蘸墨水来写字。出于使用的广泛性以及取材的便捷性,人们通常采用家禽中鹅的羽毛来替代鸟羽做笔,所以 quill 俗称鹅毛笔,鸟羽制作而成的笔成为奢侈品。而在古代中国,人们使用牛、羊等家养牲口或者捕获的野狼等动物的特殊部位的毛发制成书写工具,靠蘸墨写字,称为毛笔。

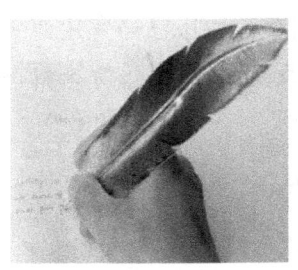

**图 3-4　中西写字工具形制差异**

用 brush(an implement that has hairs or bristles firmly set into a handle,一种有手柄且装有毛发的器具)来表达汉语中的毛笔存在一定的问题,该单词不仅没能体现毛笔的写字功能,还容易让目的语读者产生误解,将毛笔和画笔(painting brush)、牙刷(tooth brush)、梳子(hair brush)、指甲刷(nail brush)、修面刷(shaving brush)等其他类似工具进行联想,造成混淆。

类似的物质还有很多。中国人用于装白酒的酒壶与欧美人用于装啤酒的酒壶(flagon)也存在差异(见图 3-5)。

**图 3-5　中西酒具的形制差异**

中国人注重养生,为免受风寒而经常穿满襟式的服装,称为满襟褂;欧美人适应了常年气候温和的环境而经常穿对襟式的服装,称为夹克(jacket)(见图 3-6)。

**图 3-6　中西服饰的形制差异**

受西方文化的影响,现代中国人所穿的衣服已经普遍西式化了,但近年来,随着汉服等中式服装进入校园,甚至走出国门,传统文化得以振兴,并引领了消费新热潮。

### 三、物质文化的翻译转换

物质名词往往需要理解其真实含义以后方可译义,切不可仅凭简单的猜测,或根据字面意思来进行翻译。

例如,现在很多人用 dumpling 来表达汉语中的"饺子",dumpling 是 a rounded small balls of steamed and seasoned dough, often served in soup or with stewed meat(一种蒸熟并加佐料的圆形面团,常常与汤水或者炖肉一起食用)或者 a dessert consisting of a wrapping of dough enclosing sliced apples or other fruit, boiled or baked(一种面团包裹着苹果切片或其他水果切片、蒸制或烤制而成的甜点)。从 dumpling 的定义来看,该词与汉语中的"饺子""包子""馄饨""元宵"等都存在部分对应,如果将"饺子"用 dumpling 来表达,那么"包子""馄饨""元宵"等又怎样来表达呢?

某大学教授在春节期间邀请外国留学生到家里吃饭,其夫人先端上来一盘水饺,他知道水饺的译文表达是 dumpling,便说 please enjoy the dumpling。一会儿,夫人又端上来一碗汤圆,他不知道汤圆的译文表达,便说 another kind of dumpling,后来夫人又陆续端上来包子、馄饨等,他一时语塞。这些都是中国的传统食品,和英语中的 dumpling 比较相似,即由面团裹馅蒸煮制作而成,但其材质、制法和馅料都存在明显差异。可见英汉食物具体名称有明显的非对应性特征,非一种 dumpling 所能对等。

笔者认为,在翻译一个民族专有的事物名称时,要以音译为主要原则。笔者在过去的翻译实践中频繁使用音译,事实也证明其效用还是很明显的,既不影响理解,也便于交流互动。例如,"麻将"(*mah-jong*)、"胡同"(*hutong*)、"饺子"(*jiaozi*)、"炕"(*kang*)、"二胡"(*erhu*)、"琵琶"(*pipa*)等,以及 cigar(雪茄)、sofa(沙发)、sandwich(三明治)、cashmere(开司米)、coffee(咖啡),等等。

## 第三节 英汉规制文化的非同一性

规制是规范制度的简称,指一个国家、一个民族乃至一个家庭等所制定或者约定俗成并得以沿袭的规矩和制度,包括言语行为的规范、处事原则和方法等,是在一定群体范围内具有约束力的言行规则,是对个体言行的评判标准,也是维护社会和家庭秩序的礼法制度。例如,在古代中国,人们从小就被要求训练自己的言行规范,有"立如松、坐如钟、行如风""食不言、寝不语"等行为规范。

按照约束力的强弱来分,规制可以分为强制性法律规范和自觉性道德规范;按照群体属性来分,规制可以分为家族规范和社会规范等;按照内容来分,规制可以分为宗教规范、习俗规范和职业规范等。

## 一、规制的功能

规制是为了满足一定范围内的人们基本的社会需要,具有普遍性和稳定性的定型化社会规范体系,需要人们谨守和遵循。规制是对社会群体和个体的行为方式进行评判的尺度,是对人们的行为结果做出褒扬与惩罚决定的判断标准,弘扬合乎规范的行为,纠正违反规范的行为,以达到教育人们遵守规范的目的。规制在一定群体范围内发挥着多种功能作用,包括言行导向功能、社会整合功能、文化创造和传承功能等。

1. 规制的言行导向功能

规制的言行导向功能主要是指规制在引导和限制人们的言语与行为上的作用,确定哪些言行可为,哪些言行不可为。例如,在中国文化中,"好汉不打上门客,伸手不打笑脸人"的说法就是引导人们化解纠纷和矛盾的规制。在国际交往中,有"两国交兵,不斩来使"的规制,因此国家元首、外交人员等享有外交豁免权等。

2. 规制的社会整合功能

荀子在《荀子·富国》中说:"人生而有欲,欲而不得,则不能无求。求而无度量分界,则不能不争";"人之生不能无群,群而无分则争,争则乱,乱则穷矣"。[①] 人生而有各种欲望,没有规制的约束就会产生无序的纷争,伤及自己和他人,危害社会,因此需要规制来约束人们的言行。

规制的社会整合功能主要是指规制在维系家庭和社会秩序方面的作用。例如,中国文化中的家族是以血缘关系为基础和以族长权威为核心的团体组织,家族制要求家族成员完成对彼此的教育与管理,遂行忠孝观念,

---

① 荀况. 荀子. 南昌:二十一世纪出版社,2015:89.

强化团体凝聚力。因此，在中国有大量同姓氏的自然村落和几世同堂的大家庭（extended family）存在，而在国外只常见由父母子女组成的小家庭（nuclear family）和不同姓氏混居的村镇。

社会规范指人们遂行社会行为的规矩和社会活动的准则。它是人类为了社会共同生活的需要，在社会互动过程中衍生出来、相习成风、约定俗成，或者由人们共同制定并明确施行的言行规则。社会规范的本质是对社会关系的反映，也是社会关系的具体化表现。例如，在交通方面，中国人习惯遵循靠右行驶的规则，而英国人则习惯遵循靠左行驶的规则。

3. 规制的文化创造和传承功能

规制的文化创造和传承功能主要是指规制以言传身教的方式得以继续和传承，以及为不断适应环境变化而进行规制的创造革新。例如，中国的京剧有生、旦、净、末、丑等不同的表演角色，主要通过脸谱来展现。戏剧中的脸谱源于面相学，即通过人们的面部形态，包括肤色、面部器官的形态与搭配等来推断一个人的性格特征。例如，白脸表示斯文，三角眼表示奸诈，明眸表示善良，猴腮表示精明等，然后再结合人物的社会身份应用到戏剧的脸谱中去。

戏曲演员在舞台上的脸谱相貌特征用于凸显所扮演人物的性格特点和身份地位，不仅可以实现观众观感与理念的协调统一，还可以丰富和美化舞台效果（见图 3-7）。

| 红脸 | 白脸 | 黑脸 |
| 黄脸 | 蓝脸 | 紫脸 |

图 3-7　不同颜色的京剧脸谱

红脸象征忠义、耿直、有血性的性格特征,如关羽;黑脸表现面容丑陋或性格严肃的人物形象,象征威武、豪爽与粗犷的性格特征,如包公、张飞、李逵;白脸象征奸诈多疑的性格特征,如曹操;蓝脸象征刚正不阿、桀骜不驯的性格特征,如马武、窦尔墩;紫脸表现丑陋的人物形象,象征肃穆、稳重、正义的性格特征,如徐延昭;绿脸象征勇猛、莽撞、暴躁的性格特征,如绿林好汉。

在中国戏剧中,脸谱常以蝙蝠、燕翼、蝶翅等图案来对眉眼面颊进行勾画,以展现和刻画面部的表情。脸谱的描绘着色方式有揉、勾、抹、破四种,且各具其独特的内涵:揉脸以整色为主,加重五官纹理,表现威武的人物形象;抹脸以浅色涂粉于面,不以真面目示人,表现奸诈的人物形象;破脸使左右脸的颜色与形态不对称,表现面貌丑陋的反面人物形象;勾脸是以丰富色彩和复杂的图案来勾勒复杂的面容,表现残暴凶猛的人物形象。

## 二、规制习俗的非同一性

规制文化(institutional culture)指在一定社会群体范围内形成并传承延续的具有言行约束性的规范制度和传统习俗,包括宗教的教规、家规族规、交际礼仪和处事规则等。由于受到自然环境的影响和社会条件的制约,规制文化因民族和地域的不同而催生了生产生活方式的差异,从而导致规制方面的差异。

在英语语言中,地点和时间等的排列顺序和习惯也存在显著差异。英语中的时间和地点按照"由小到大"的顺序排列,而汉语正好相反,如 Room 307, Lennon Studios, 109 Cambridge Court, Liverpool, L7 7AG, UK(英国利物浦剑桥阁 109 号莱侬工作室 307 室,邮编 L7 7AG);at 8 o'clock on the morning of Jan.1st, 2022(2022 年 1 月 1 日早上 8 点)。

规制习俗有多种形式,常见的主要有礼制、数制等方面的差异。

1. 礼制差异

礼制是礼仪制度的简称,是一种约定俗成的行为规范,对人们的言语行为在程序和方法上进行操作性规定。礼制包括见面礼仪、接待礼仪和称谓礼仪等。

1.1 见面礼仪

处于不同地域的不同民族在见面时施礼的方式存在显著差异(见图 3-8)。在国际交往中,握手是通用礼仪,但握手也有规矩。通常是尊长者先伸手,另一方应及时呼应;到访时,往往是主人先伸手以表示欢迎;告辞时,是客人先伸手。握手的力度以舒适为限度,一般男性之间比较用力,女性之间比较轻柔;握手的时长为初次见面3秒钟内,熟识的人可以适当延长。

图 3-8　握手礼仪

然而,除了握手,还有其他的礼仪习惯与倾向(见图 3-9—图 3-12)。

图 3-9　中国古代见面礼仪:抱拳　　　图 3-10　日本见面礼仪:鞠躬

图 3-11　欧洲见面礼仪:拥抱　　　图 3-12　澳大利亚见面礼仪:碰鼻

欧洲各国则更喜欢施拥抱礼,有时还伴以贴面;澳大利亚人见面不习惯握手,而是施碰鼻礼,碰鼻的次数越多,说明关系越好。女子之间不握手,相逢时常亲吻对方的脸以示亲昵。

### 1.2 接待礼仪

以接待宾客为例,中西方在团队主次安排上都是以首席为中心,以左为重,依次安排。但在西方文化中,于宴席会见宾客时,如果是方桌,面朝门者为尊位,背朝门者为卑位(见图3-13)。如果不区分尊卑,则采用圆桌。

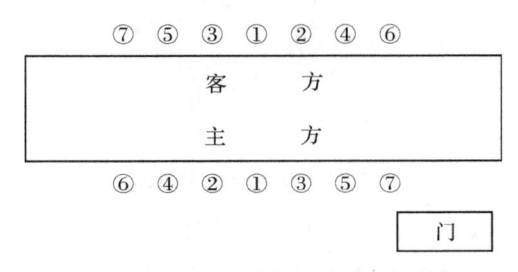

图3-13 西方条形桌接待座次示意图

在中国文化中,在会客宴请的时候,也会通过座次的方位或者面向来区分尊卑,但有不同的规制体系,一种是君臣文化规制,一种是八仙文化规制。

首先是君臣文化规制。古人认为面南而坐最吉祥,日出之方最尊贵。在中国文化中,宫殿、庙宇等都是按子午线朝向正南,帝王的座位都是坐北面南,帝王就位又叫"南面称尊"。打了败仗称为"败北",臣服又叫"北面称臣"。为了避讳,民间建筑不能朝向正南,而是偏东或偏西一些。由此便形成了君臣的规制,将南向视为至尊,将北向视为臣服的卑位,古代帝王和达官贵族都选择面南而坐(见图3-14)。

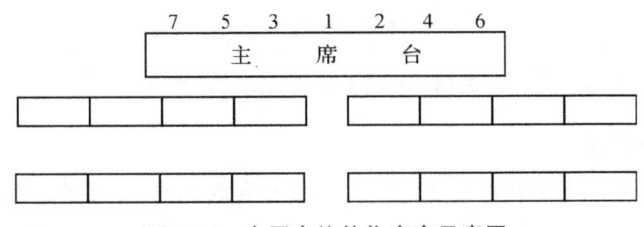

图3-14 中国会议礼仪座次示意图

按照中国古代的礼仪,君臣相见,君王面南,臣下面北;宾主相会,宾客面东,主人面西;长幼相聚,长者面东,幼者面西。由此还衍生了其他很多习俗,在无法辨别方向时,以面对大门为尊,离大门最远为尊。

君臣制礼仪座次在民间被称为"朝席",是遵循古代君王与臣子相见时"君王面南,臣下面北"的礼仪座次(见图3-15)。这种规则传到民间,成为民间的礼仪座次规范,在中国很多地方得以沿用并成为一种习俗,特别是黄淮流域。

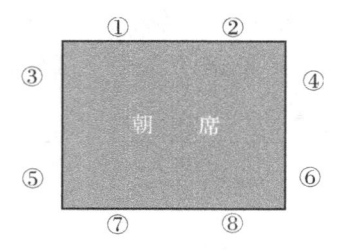

```
        ①        ②
    ┌─────────────┐
  ③ │             │ ④
    │    朝  席   │
  ⑤ │             │ ⑥
    └─────────────┘
        ⑦        ⑧
```

图 3-15　朝席座次示意图

中国古人往往以右为尊,在《廉颇蔺相如列传》中有这样的记述:"以相如功大,拜为上卿,位居廉颇之右。"① 在中国古代官场之上,往往位高为尊,居上位,位低为卑,居下位。这种官场排序相继流传到民间,成就了民间的八仙文化规制座次(见图3-16),即右位往往比左位尊。在汉代司马迁的《鸿门宴》中就有著名的座次安排,"项王、项伯东向坐,亚父南向坐"②,即项王是重要客人,坐在东边。按照中国房屋建筑坐北朝南的朝向,东边为右,即尊位。八仙文化规制主要存在于荆楚文化范围内。

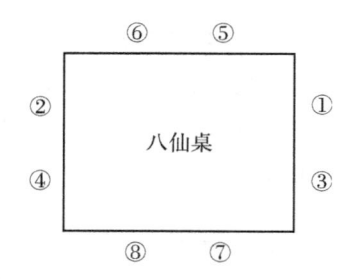

```
        ⑥        ⑤
    ┌─────────────┐
  ② │             │ ①
    │    八仙桌   │
  ④ │             │ ③
    └─────────────┘
        ⑧        ⑦
```

图 3-16　八仙文化规制座次示意图

### 1.3　称谓礼仪

由于英汉文化中礼俗的差异,礼仪的语言表达形式也存在差异,各有规范要求。在汉语中,通常按照第二人称、第三人称和第一人称的顺序进行排

---

① 司马迁. 史记. 北京:中华书局,2011:2149.
② 司马迁. 史记. 长沙:岳麓书社,1988:83.

列,即表达为"你他我",还可以有并列连用"你我""我你",但"你他"和"我他"不能并列连用,如果需要并列则要加上"和",如"你和他""我和他"。

在英语中,一般情况下按照第二人称、第三人称和第一人称的顺序进行排列,以示礼貌,如 you, he and I are of the same age(你、我和他都是同龄人)。但是,在需要为事情的后果承担责任时,通常按第一人称、第二人称、第三人称的顺序进行排列,以示担当,如 I and Mary are to blame for the matter(我和玛丽应为这件事受到责备)。复数形式下往往也使用第一人称、第二人称和第三人称的顺序进行排列,如 we, you and they are to spare no efforts over this work(对于这项工作,我们、你们和他们都会不遗余力的)。

在两个第三人称同时出现时,一般按男先女后的顺序排列,如 he and she don't agree with you(他和她都不同意你的看法)。

2. 数制差异

在东西方文化中,数制差异很明显。例如,在计数方面,中国用个、十、百、千、万、亿等计数单位来计数,而西方用个、十(-ty)、百(hundred)、千(thousand)、百万(million)、十亿(billion)等计数单位来计数。很多人不太了解为何英语在表达数字时,每隔三个数字就加一个逗号。其实,这是由于英语的计数体制。从右往左的第一个逗号的计数基数是"千",第二个逗号的计数基数是"百万",第三个逗号的计数基数是"十亿"。

另外,还有阿拉伯数字计数和罗马数字计数的差异(见表 3-3)。

表 3-3　阿拉伯数字计数与罗马数字计数形式差异

| 阿拉伯数字计数 | 罗马数字计数 | 阿拉伯数字计数 | 罗马数字计数 |
| --- | --- | --- | --- |
| 1 | I | 6 | VI |
| 2 | II | 7 | VII |
| 3 | III | 8 | VIII |
| 4 | IV | 9 | IV |
| 5 | V | 10 | X |

在英汉语言中,在表示时间、距离、容量和质量方面有相同的规制,也有不同的规制(见表 3-4)。

表 3-4　英汉时间、距离、容量规制的对比

| 类别 | 语言 | 相同 | | | | 不同 | | | |
|---|---|---|---|---|---|---|---|---|---|
| 时间 | 汉语 | 年 | 月 | 日 | | 时辰（两小时） | 一炷香的时间 | | |
| | 英语 | year | month | day | | hour | quarter | | |
| 季节 | 汉语 | 春 | 夏 | 秋 | 冬 | 旬（十天） | | | |
| | 英语 | spring | summer | autumn | winter | week | | | |
| 距离 | 汉语 | | | | | 寸 | 尺 | 丈 | 华里 |
| | 英语 | | | | | inch | foot | yard | mile/kilometer |
| 容量 | 汉语 | | | | | 合 | 升 | 斗 | 石 |
| | 英语 | | | | | pint | quart | gallon | |
| 质量 | 汉语 | | | | | 钱 | 两 | 市斤 | |
| | 英语 | | | | | gram | ounce | kilogram | |

　　由于英汉语言在规制方面存在显著的差异，在翻译转换时应当有针对性地进行调整，以避免影响读者的理解，造成误解误读。现在当大家在谈及驾车速度时经常会说"××码"，这里的"码"实际是指"公里"(kilometer)，而"码"则源自英语的里程计量单位 mile(迈)，读音与"码"相近，而"码"的发音属于开口音，比较顺溜，所以很多人都容易说成"××码"。这是一种误解误用的现象，对语言使用的规范性会造成一定的危害。

　　笔者认为，在遇到规制文化的翻译转换时，最好弄清楚两种语言的规制差异性，在不影响读者理解和基本含义的情况下，灵活地选择直译、转换或者替代的处理原则和方法。

## 第四节　英汉观念文化的非契合性

　　观念是人们经过学习积累在头脑中形成的对事物、现象的主观印象，是通过对感官资料进行选择、组织并加以诠释的方式来认识世界的过程，使我们能够了解、领会我们生活的世界。

## 一、观念的类型

观念往往是人们经由家庭教育、学校教育和社会教育逐步形成的人生观和价值观。观念的形成主要受到家庭环境和社会环境的影响,主要包括家庭观念(如婚恋观念、亲情观念、家族观念等)和社会观念(如时间观念、自我认同观念等)。

家庭是指以血缘亲情为基础、以责任义务为纽带所构成的自然社会单位。家庭观念是指人们处理家庭事务时所秉持的观点和态度。

社会观念是在一定的社会群体范围内长期形成并需要其群体成员遵循的观念,往往作为群体范围内人们交际言语和行为的评判标准,从而影响到群体内的每一个成员。这些观念主要包括时间观念、自我认同观念等。

## 二、英汉文化核心观念的差别

中国和西方国家在观念上存在显著的差异(见表3-5)。

表3-5 中西文化观念内涵对比

| 观念 | 西方文化 | 中国文化 |
| --- | --- | --- |
| 中心观念 | 以自我为中心<br>权利:自我实现<br>义务:自我约束 | 以他人为中心<br>权利:他人帮助实现<br>义务:他人进行约束 |
| 社会观念 | 处世意识:博爱<br>处世基础:逐利<br>处世方式:循规蹈矩<br>处世结果:取悦自我 | 处世意识:亲疏有别<br>处世基础:仁德<br>处世方式:灵活变通<br>处世结果:取悦他人 |
| 家庭观念 | 除对上帝臣服以外,对所有人都以朋友相待<br>父子关系:朋友<br>夫妻关系:朋友<br>兄弟关系:朋友 | 辈分有分,内外有别,长幼有序<br>父子关系:父慈子孝<br>夫妻关系:夫能妻贤<br>兄弟关系:兄亲弟恭 |

**1. 西方人重"利"**

在西方社会里依然保留着浓厚的利己主义氛围,将追求个人利益视为理所当然,推崇个体竞争,崇拜胜者英雄,漠视败者。因而,西方人形成了"以自我为中心"的文化观念和各种类型的利己主义。例如,美国加利福尼亚大学圣巴巴拉分校附近街区于2014年5月23日晚发生枪击事件,造成包括枪击嫌疑人在内的7人死亡，另有7人受伤。据美国媒体报道，枪手艾略特·罗杰（Elliot Rodger），22岁，是该校学生，其父为电影《饥饿游戏》副导演彼得·安东尼·罗杰（Peter Anthony Rodger）。警方调查他行凶前在视频分享网站YouTube上上传的一段名为《艾略特·罗杰的复仇》的视频，以厘清其犯案动机。视频显示罗杰上大学后对同龄人能够"寻欢作乐"感到不满，因为22岁的他未曾交过女友，依然是处男，无法实现自己的性权利，因此心生不满，仇视女性，声言要惩罚女性，并制定和公布了他的仇杀计划。从这则新闻中可以看出美国人很看重个人的权利，强调取乐自我的自私观念。

2. 中国人尚"德"

与西方人重利自私的观念相反，中国人崇尚德行，往往忽视个人的名利。《南方日报》曾报道，居住在北京的一户佘姓家庭不计名利得失，为袁崇焕将军世代守墓。据说，1630年，抗清将领袁崇焕被明朝皇帝处死并割下头颅示众，其一位祖籍广东顺德的佘姓部下当夜冒着被满门抄斩的危险将袁将军的头颅盗走，葬于自家宅内（现北京东花市斜街），并命佘家子孙世代在此守墓。佘家先祖当年立下三条祖训：佘氏子孙一不许南下回乡，二不许做官，三要为袁崇焕守墓。自此以后，佘家十八代子孙都坚守祖训，为袁崇焕将军守墓。2003年6月24日，佘家年仅28岁的第十八代守墓人因车祸猝然离世，袁崇焕将军的墓不得不转交国家管理。

### 三、观念对行为的引导性影响

观念往往对人们的言行有决定性的引领和导向作用。观念受到文化的影响，来自不同文化背景的人会以不同的方式对同一件事做出解释。[①]

1. 观念主宰个人行为

人们运用已有的认知对事物、行为和现象进行阐释，需要经历识别（identification）、阐释（interpretation）和评估（evaluation）三个阶段，人们处理事情的方式方法也会因为观念的差异而存在一定的区别。

文化观念决定人们对事物、现象和行为的判定标准。例如，人们往往根

---

① Adler, R. B. & Rodman, G. *Understanding Human Communication*. 8th ed. New York: Oxford University Press, 2003: 37.

据已有的认知标准来判断隐私,因此不同人的看法就存在显著差异。隐私是指人们不愿公开的私事。由于人们在文化观念的影响下存在认知差异,被某个群体视为隐私的事物对另一个群体而言不一定属于隐私。如西方社会中个人的年龄、婚姻状况、收入状况等属于隐私,但在中国文化中这些往往不会成为隐私;至于被问到收入状况时,中国人往往可以用诸如"够吃饭""能养活自己"等灵活机智的应对方式来回答。

由于民族文化观念存在显著差异,某种既定文化观念常常会在与其他民族的交际过程中带来误解。例如,中国人的传统尊老观念在外国会带来认知方面的误解。这是因为,在中国,老人因为生活经验丰富、知识阅历深厚而受到尊重,常常有"老人是宝"的说法;而在部分西方国家,人们惧怕变老,因为"老"意味着失去工作能力或者身体欠佳。他们通常很注重身体锻炼,爱好化妆,以掩饰自己的"老态",让自己看起来仍然保持着青春活力,避免陷入被人认为"老而无用"的窘境。

2. 观念引导社会行为

在中国的传统婚姻制度中,人们把婚恋行为看作繁衍后代的手段,其中必然涉及家族的因素,使得"父母之命,媒妁之言"成为婚姻的前提条件。《唐律疏议》规定:"为婚之法,必有行媒。"[①]在具体程序上,从周代起就盛行"六礼",即纳采、问名、纳吉、纳征、请期、亲迎。该制度下还衍生出很多有关婚姻、家庭等方面的规制,如有利于建立长期而稳定的婚姻家庭关系、有利于生育抚养子女和维持家族繁盛的妻妾制。

西方人不懂中国的传统婚恋观念,所以对中国的很多婚恋现象不理解。例如,对于中国人的"相亲",英国广播公司等外国媒体将其译作 blind dating(meet the stranger for the first time,男女间初次见面)、household registration location dating(户口所在地相亲),甚至译作 snobbish dating(势利相亲),等等。其实这些翻译很难表达"相亲"的文化内涵,因为 dating 表示仅限男女当事人之间的约会,相亲往往是指媒人陪同女方(及其家长)去男方家里,相看婚姻对象及家庭条件等是否合意,如果不合意就不再联系,如果合意就进入谈婚论嫁的"六礼"环节。按照这个意思,"相亲"应该译作 before-engagement meeting。

---

① 长孙无忌. 唐律疏议注译. 袁文兴,袁超,校. 兰州:甘肃人民出版社,2017:69.

笔者认为,在进行涉及观念文化的语言翻译转换时,译者应该在了解观念差异的条件下进行合理的阐释,以避免影响文化含义的正确传递,造成读者的误解和曲解,以中国汉代古诗《青青河畔草》中的诗句"荡子行不归,空床难独守"为例:

【译文1】
Ah, if he does not mind his own,
He'll find some day that the bird has flown![1]

翟理斯曲解了原诗中的"荡子",认为丈夫不回家,妻子会另嫁他人。这反映了翟理斯对中国文化的了解不够深入,完全是按照他身为外国人对自由婚姻观念的理解来进行翻译处理的。

在中国传统文化中,离婚并不容易。丈夫出于做官、经商等原因常常需要背井离乡,离开妻儿去外地工作,作为妻子也只能默默承担起孝敬父母、抚养孩子的重任。用西方的婚姻观念来阐释中国传统观念下的夫妻关系就显得不妥。请看下面2个译例:

【译文2】
Minds his own business and from home he flees,
What a suffering and lonely life his wife will be!

【译文3】
When will he come back to meet his wife at home,
The husband-sick can be inscribed into a thick tome.

译文2和译文3恰当地表达了原诗的意义内涵,译文2表现出妻子的寂寞之浓,译文3表现出妻子的思念之深。

---

[1] Giles, H. A. Chinese Poetry in English Verse. Whitefish: Kessinger Publishing, 2009: 179. 本书中所有译例均来自笔者的教学实践,且译文为笔者自译,若为他译,则另行标注。

# 第四章
# 文化的推介与传播

文化是一个民族的灵魂,在国际上最有力的竞争实际上是文化的竞争。美国政治学家肯尼迪(Paul Kennedy)在其著作《大国的兴衰》(*The Rise and Fall of the Great Powers*)、美国哈佛大学教授奈(Joseph S. Nye)在其著作《领导的宿命》(*Bound to Lead*)和《软实力——世界政坛成功之道》(*Soft Power: The Means to Success in World Politics*)中提出了"软实力"的概念,以伊拉克战争为实例,分析阐述了"硬实力"与"软实力"对文化推广和传播的效果和影响,指出一个国家可以通过文化价值观等软实力因素对其他国家产生吸引力和影响。只有在世界文化中占有一定份额,才能成为文化大国;只有成为文化大国,才可能成为世界强国。

德国哲学家雅斯贝斯(Karl Theodor Jaspers)在其著作《历史的起源与目标》(*Vom Ursprung und Ziel der Geschichte*)中说:"世界历史从1500年至1830年这一段时期,西方是以其大量特殊的个性、不朽的诗篇和艺术作品、最深层的宗教动力以及在科技领域的创造而著名的。"[1]可见,西方社会之所以能占据文化交流的制高点靠的就是其科技实力和文化的输出。

奈在来华访问时接受了记者的专访,在谈到中国的软实力时说:"中国的传统文化,特别是儒家文化,在世界上一直具有相当大的影响。中国文化在很多方面都具有吸引力。中国的传统艺术和文化,例如中国人对人与自然关系的理解,中国的书法、绘画、武术,甚至中国的饮食和传统服饰等,在

---

[1] 雅斯贝斯. 历史的起源与目标. 李夏菲,译. 桂林:漓江出版社,2019:274.

美国都很受欢迎。"①

要想让外域的人们了解一个国家或者一个民族的文化,就需要通过译介的方式来进行融通。我们可以通过阅读翻译成汉语的外国书籍、报刊、电影等方式了解到很多外国的名人、历史事件等;同样,要想让外国人了解中国的名人、历史事件等,也需要借助作品的对外翻译推介。

文化的推介与传播要有清晰的传播思路、恰当的传播方式、合适的翻译推介策略,以及准确的翻译传播技巧。

## 第一节 文化传播的方式

文化传播是指人类文化由文化发源地向域外辐射推广或由一个社会群体向另一群体散布,从而达到扩大其影响力和影响范围的目的。从历史上看,文化传播有不同的方式,产生的效果也千差万别。

### 一、文化传播的方式

所谓文化传播的方式是指进行文化推广和传播时所采用的基本路径、策略和方法。文化传播的方式多种多样,有直接和间接之分,有刚性与柔性之别,还有拿来与送去之析。

1. 直接传播与间接传播

直接传播通常是指由具体的个人或者团体通过通婚、通商、移民等直接途径所进行的文化传播。例如,留学生和访问学者到某一国家去接受教育就是一种直接传播,因为该留学生或者访问学者必须去适应和习惯所在国的语言交流、日常饮食、人际活动等,在学成回国后会慢慢地对周边的人产生潜移默化的影响。

间接传播是指通过一定的方式与途径,如出版、影视等活动,产生渐进性影响的文化传播。例如,英国在20世纪60年代拍摄的谍战影片《007》,将英国中央情报局特工詹姆斯·邦德成功塑造成代号为"007特工"的个人英雄形象,使"007"系列电影风靡全球,历经60余年长盛不衰。这部电影对西方个人英雄主义观念在世界的传播与推广产生了深远的影响。

---

① 陆春艳. 外刊关注中国"软实力"提升 孔子学院成最亮品牌.(2008-04-09)[2024-01-01]. https://www.chinaqw.com/hwjy/kzxy/200804/09/112891.shtml.

## 2. 刚性传播与柔性传播

刚性传播也叫硬性传播，或者硬性推广，是指在军事侵略和政治统治下以强制手段进行推广的文化传播策略。刚性传播主要是通过发布政令的方式在学校教育、官方语言和礼仪规范等方面进行设定性推广措施。以刚性传播方式传播的文化往往能达到快捷深入、影响深远的效果。例如，路易十四统治下的法国推行扩张政策，通过强大的军事实力拓展海外殖民地，使得其海外殖民地的面积在其统治期间是本土面积的20多倍。为了对殖民地实现长期而安全的统治，法国遂向殖民地推行法国礼仪。直至现代，西欧、北欧和阿拉伯世界的许多国家仍然以法国礼仪为高贵的上层礼仪。

语言是文化的承载工具，强制推行语言的使用也是文化刚性传播的主要方式之一。例如，我们都熟悉的中学课文《最后一课》是法国小说家都德（Alphonse Daudet）的作品，讲述了普法战争中的一所乡村小学里，因为要开设普鲁士语课，学生上的最后一堂母语课中发生的故事。1898年，英国强迫清政府签订不平等条约，将位于深圳河以南、九龙半岛界限街以北及附近岛屿的中国领土租借给英国，后续在这些地区用英语进行学校教育，等等。

柔性传播是指以亲和友善的方式在潜移默化中实现文化推广的传播策略。柔性传播主要是通过受众乐于接受的方式，以文化的特质吸引受众的兴趣，以含蓄柔和的策略化解受众的敌意，以通俗易懂的方式融入受众的心理，最终达到"吸引—接受—兴趣—传播"的目的和效果。例如，20世纪60年代由上海美术电影制片厂制作的彩色动画片《大闹天宫》影响了中国几代人，也吸引了一些外国人的注意。日本人手冢治虫在看了《大闹天宫》后深受影响，决定放弃学医，专门从事漫画创作，并将其漫画制作成动画电影《铁臂阿童木》。1963年元旦，动画电影《铁臂阿童木》在日本电视台首次播出后，创下并保持未曾有过的收视率纪录。《铁臂阿童木》在日本名噪一时，手冢治虫也被认为是日本动漫的鼻祖。后来手冢治虫到访中国，还专门创作了阿童木和孙悟空相聚的漫画（见图4-1、图4-2）。

图4-1 阿童木和孙悟空"同框"　　图4-2 日本"漫画之神"手冢治虫的孙悟空情结

《铁臂阿童木》是日本国产的第一部系列动画片,讲述了21世纪少年机器人阿童木的故事。1979年,日本主营计算器、手表、乐器等电子产品的知名品牌卡西欧(Casio)想进入中国市场,欲在央视做广告。当时中国电视广告业刚起步,央视极少刊播商业广告,结果卡西欧公司未能如愿。但该公司仍不死心,便出钱买下《铁臂阿童木》的版权,免费送给央视,作为交换条件,央视需要在每集动画片的片尾播放卡西欧的广告。当年,央视便引进、配音制作中译版《铁臂阿童木》,并于1980年12月播出。

美国著名玩具公司孩之宝(Hasbro)为了推销玩具,与日本塔卡拉公司(Takara)合作拍摄了动画片《变形金刚》。为了打开中国市场,孩之宝同样以不收版权费的方式,于1988年先后与广州、上海、北京三大一线城市电视台达成《变形金刚》播放协议。次年,该动画片又在各地电视台轮番上映,几乎霸占了17—19点的黄金时段,吸引了广大的青少年。《变形金刚》的热播带动了孩之宝玩具在中国的热销。1989年5月31日,上海《新民晚报》曾做过一份调查,"喜欢"或"有点喜欢"《变形金刚》的小朋友超过95%。

3. 拿来传播与送去传播

作为软实力的文化需要人们主动去推广和传播,同时,在文化交流翻译中,文化的输入与输出也存在主动地拿来和送去、被动地给予和接受两方面的差异。因此,翻译存在倾向性问题。

文化传播以语言为工具、以文化为内涵、以宣传为手段。若没有明确的推广目的,没有选择合适的推广方式,缺乏有效的推广手段,都难以达到理想的推广效果。时任英国首相撒切尔夫人曾指出,中国不会成为超级大国,因为中国没有可用来推进自己的权力,从而削弱西方国家的具有国际影响力的学说。

文化的译介与推广有两种趋向:一是主动的引入推广,即拿来传播;二是被动的输出推广,即送去主义。

拿来传播是指某个国家或民族为了自身的利益和发展主动译介某种文化,将其引入本国或本民族加以应用。这种传播方式具有主动性和选择性的特点。例如,在大学里开设外语课程,学生可以根据自己的喜好主动选择要学习的语种,从而了解该语言所承载的文化。

中国文化博大精深,影响深远。从16世纪开始,西方主动引进中国典籍《道德经》,将其翻译成拉丁文、法文、德文、英文等。据西方学者统计,从1816年至今,各种西文版的《道德经》已达250多种。据联合国教科文组织统计,被译成外国文字且发行量最多的世界文化名著,除了《圣经》以外就是《道德经》。17世纪的德国哲学家莱布尼兹、18世纪的法国启蒙思想家伏尔泰、孟德斯鸠等人都深受《道德经》的影响,这部典籍继而影响到西方人崇尚自然的生活方式和理念的形成。可见中国文化在走向世界过程中展现出的无穷魅力。

送去传播是指某个国家或民族为了扩大文化影响力而进行的输出性译介推广。例如,我们把中国典籍译成不同的语言,分别向不同的国家和民族进行推介,以期达到文化传播的目的。这种推广方式可能因为不了解异域民族对本国的认可度而遭受抵制,影响推广传播的效果。因此,送去传播应该找准传播思路、传播策略和传播方法等,才能达到理想的效果。

## 二、文化传播的要件

文化的推广与传播往往需要采取传播对象乐于接受的手段来进行。文化传播与推广往往要有一些必要的条件作为支撑,如特色鲜明的文化标签、必备的资源优势、合适的推介方式。

### 1. 打造特色鲜明的"文化标签"

世界上各个民族都不遗余力地向外展现文化,输出观念,打造"文化标签"。美国有好莱坞电影,日本有动漫,韩国有韩剧,这些国家都以独立而颇具特色的形式向世界输出了自己的民族文化,在经济崛起之后积极进行文化扩张,精心打造文化品牌,有很多值得中国学习和借鉴的经验和思路。

日本动漫是由高新科技打造的文化先锋,经过众多动漫大师的创作和专业公司的推广,逐渐进入了美国等西方国家,与美国的超级英雄动漫相比肩。韩国利用社交营销手段创造文化热点,推广韩国文化。1998年韩国设立文化产业局,以韩剧为主力,以社交营销为手段,以偶像明星为主推,向美国等西方国家推广韩国文化,让西方受众对韩国文化产生共鸣和认同。

2. 运用资源的优势

文化的推广与传播需要借助语言覆盖、网络科技、信息传播等方面的优势资源来实现。英美凭借其在语言和科技方面的优势,占领了文化信息的制高点,在一段时间内使得西方所谓"自由""民主"的理念得以在世界范围内广泛传播。

互联网时代,在IPv4地址池中,世界互联网一共拥有43亿个可用的IP地址,其中美国就有12亿,接近总量的1/4。我国在1994年才首度接入国际互联网,比美国晚了将近30年,分配到中国的IPv4资源只占到了全球的4.5%。全球访问量最大的100个网站有94个设在美国;在全球约7240万个网站中,有73.4%在美国;在各种网络信息资源中,英语信息占到了90%以上;全球网络安全公司也多设在美国。以上种种情况说明,美国把持着互联网上的信息和话语权。

截至2019年5月底,我国已分配IPv6地址的用户数达12.07亿,其中LTE网络分配IPv6地址的用户数为10.45亿,固定宽带接入网络分配IPv6地址的用户数为1.62亿,IPv6地址储备量已跃居全球第一位。我国也可以利用这一优势来进行文化的推广与融合。

3. 选择合适的推介方式

文化的推介与传播要找到合适的载体,以恰当的方式呈现给外国受众。大熊猫是中国特有的珍稀动物,该形象传入日本后深受日本人的喜爱。20世纪80年代,日本漫画家宫崎骏据其制作了动画电影《龙猫》并公开上映。宫崎骏并非直接搬用熊猫形象,而是进行文化改良,这种引进文化的方式值得借鉴(见图4-3)。

图 4-3　中国国宝熊猫与日本动画电影形象龙猫

## 三、中国文化传播的历史与现实

中国文化博大精深，但中国文化对世界产生的影响并不那么明显。从历史上看，大国的崛起既可以依靠侵略战争和殖民劫掠，也可以凭借一个国家或民族精神力量和物质力量体现出来的文化优势。在今天，大国的崛起更多地凭借文化竞争中所展示的文化优势。文化竞争日益成为国家核心竞争力的基础内容，一个国家拥有了优势文化，就能有效地运用各种资源，推动技术和制度创新，应对生存和发展带来的挑战。一个国家占领了文化的制高点，拥有了强大的文化软实力，就能够在激烈的国际竞争中赢得主动权。

文化的竞争不仅要充分体现出纵向的进步，还要展现横向的推广传播优势。中国历史上曾出现过三次翻译高潮：东汉至唐宋的佛经翻译、明末清初的科技翻译，以及鸦片战争至五四运动时期的西学翻译[①]，但这三次翻译都是以引进为主的翻译。唐朝时期，国力强盛，很多国家派"遣唐使"来中国学习，但这些国家主要为中国周边的亚洲国家，西方社会受到的影响微乎其微。虽然也有西方学者通过一些途径学习和了解中国文化，但依然比较肤浅。

从现实情况来看，在中国文化推广传播的过程中，存在一些不尽如人意之处，主要表现在两个方面：一是"西学东渐"的势头大大超过"东学西渐"的势头。北京大学中文系教授王岳川调查发现：从 1900 年到 2000 年，中国的知识分子前赴后继翻译了 10.68 万册西方书籍（英、法、德、意、西、俄六种文

---

① 张威. 中译外调查与分析：提高中国文化对外传播效果的一项基础性工作. 中国文化研究，2011(3):195.

字),而这100年里中国被西方翻译的书只有800多套。① 二是对中国文化传播的内容选择、阐释方式等方面存在一定的不足和误区。

"西学东渐"的势头强大,使中国的文化身份变得模糊。中国文化输出的薄弱直接导致国际社会对中国文化的隔膜和误读。在西方人心目中,中国通常是"第三世界国家""环境污染大国"等。中央电视台曾邀请30多个来自欧美国家、有"中国通"之称的中文台台长和播音员参加一个节目,在问及孔子、苏东坡、鲁迅和李小龙四个人中"谁是中国的名人"时,多数人的答案是"李小龙";而在问及西施、杨贵妃、林黛玉和巩俐四个人中"谁的知名度最高"时,几乎所有人的答案都是巩俐。这些都与中国文化的对外传播的内容、方式和途径有关。

中国文化的推广与传播存在一些问题。首先是对文化概念的认知具有一定的局限性,很多人往往把文化局限于一些具有文化内涵的娱乐活动;其次是对外译介过程中对文化内涵的解读具有一定的随意性和偏颇性,忽视文化翻译的质量;最后是文化推介具有散漫性,缺乏统一的组织,目标不够明确,文化阐释的精准性不足,等等。

王树槐②曾经召集20位英美读者,就《红楼梦》的杨戴译文和霍克斯译文的读者喜爱度进行调查。结果显示,喜欢杨戴译文的有6位,占比30%,其中4位是专家学者,包括2位汉学家和2位文学教授,普通读者仅占10%;而喜欢霍克斯译文的有11位,占比55%;两者都喜欢的有3位,占比15%。出现这种结果的原因在于,霍克斯译文在阐释文化时多用归化处理原则,符合以英语为母语的读者的认知,通俗易懂。

同样,林纾采用归化原则,用通俗汉语翻译的外国作品也很受中国读者的青睐。例如,林纾将英国作家狄更斯的小说 *David Copperfield* 译作《块肉余生述》③,将 *Oliver Twist* 译作《贼史》④,将斯威夫特的小说 *Gulliver's Travels* 译作《海外轩渠录》⑤等。

因此,要传播推广中国文化,译者在翻译时应该面向普通读者,采用归化翻译原则,用符合读者认知、容易理解和接受的语言表达方式,吸引读者,

---

① 王岳川. 西方人很不了解中国. 文摘报,2010-12-21(6).
② 王树槐. 杨、霍英译《红楼梦》文化传通的诗学比较. 外语教学与研究,2020(6):929-939.
③ 迭更司. 块肉余生述. 林纾,魏易,译. 北京:商务印书馆,1930.
④ 狄更斯. 贼史. 林纾,魏易,译. 上海:上海三联书店,2018.
⑤ 斯威佛特. 海外轩渠录. 林纾,魏易,译. 北京:商务印书馆,1933.

引领读者,让读者从了解中国文化到喜欢中国文化。如果译文读者连看都看不懂,那就谈不上传播与推广了。

中国文化的传播应关注思想观念的传播,以物质文化为先导、以政治经济为推手、以语言翻译为工具,根据目标对象选择适当的传播方式,按照基础文化先行、观念文化随后,先传播通俗文化、后传播思想文化的原则,循序渐进地实施中国文化的传播。在对中国文化的阐释方面,以过滤性阐释为主要方法,避免因忽视对象的认知和接受能力而过分"求信",应追求"达旨"并注重文化内涵的传递。

在跨文化翻译中,表意的确切性应该受到重视,同时译者还要照顾到读者的观念认知水平和认知能力,尽量采用译文读者易于理解的表达,以避免引起误读、误解。

### 四、中国文化传播的思路

文化是国际竞争的战略制高点,哪种文化占据了制高点,就拥有了更多的话语权。西方社会依靠武力打压、舆论轰炸及语言观念同化等方式向世界力推"美式民主",积极营造其民主的中心地位,从而在政治、经济等方面获取利益。

在世界范围内,文化往往存在此消彼长的发展态势,也存在激烈的竞争。文化包含价值取向的内涵,要得到世界上其他国家和民族的认可、接受甚至推崇,往往需要凭借合适的方式方法进行译介、推广和宣传。当然,要传播推广某种文化,要有明确的目标取向、合适的方式和途径,以及精准的译介技能。

首先,要有坚定的文化自信。很多情况下,追求文化自信都是从细节入手。例如2022年2月4日,在北京冬奥会各国运动员出场仪式上,中国一改以往按国家英语名称首字母的先后来安排出场顺序的习惯,以中国汉字的笔画来安排出场的顺序,向世界展示了汉字文化,彰显了文化自信。从中我们可以得到一种感悟:文化需要展示,也需要推介,但文化的展示与推介需要有差别的意识、恰当的方式和正确的形式,以利于文化的推广与接受。翻译作为一种文化推广和传播的手段,需要译者进行恰当的阐释,解读文化内涵文化,让缺乏原文文化认知的译文读者由看懂读懂,到理解接受,再到欣赏喜爱。

世界上的任何民族都是以一定的地域为生活基础,出于对自然界的敬畏而形成本民族的信念和习俗,并以之来规范人们的言语和行为,进而形成一个规范性的部落或者群体。这些信念和习俗经过时间的汰洗,逐渐形成本民族大众所遵循的规范化理念,经过世代的传承,便成为文化。文化具有鲜明的民族地域性特点,因此成为民族的灵魂。在跨民族、跨语言交际中,文化往往成为交际的障碍和隔膜。不同民族需要相互了解,以语言为媒介,施以合理恰当的阐释,方能化繁为简,化难为易,化敌视为尊重。

其次,文化的推广要有明确的目的。例如,美国着力于塑造个人英雄主义形象,借助好莱坞电影大片这一形式,以达到推广其"自由""民主"理念的目的。好莱坞大片就是美国文化心理战的重要武器之一。好莱坞影片拍摄过程中往往有各种专家人才的参与,他们会选择目标观众熟悉和喜爱的主题,以"坚持自我中心、创造自我价值"为英雄形象的主要特征,以达到吸引年轻人的目的。

最后,采取合适的宣传手段。文化的推广与传播需要利用资源的优势,采取合适的宣传手段。宣传有多种形式,即白色宣传、灰色宣传和黑色宣传。白色宣传是指明确公开信息来源的宣传;灰色宣传是指不说明信息来源或者以私人名义发布信息的宣传;黑色宣传是指隐蔽真实信息来源的宣传,主要指以传播谣言、混淆视听为核心的宣传。

文化的推广与传播实际是一种心理战,即让接触文化的人不会从心理上产生排斥,并从慢慢适应文化,到接受、喜爱文化。因此,文化的推广与传播要具备几个特征:首先,要选择通俗的娱乐性方式,使得推广的文化具有吸引力;其次,要塑造具有典型特征和内涵的文化形象;最后,要有能引起兴趣、羡慕乃至崇拜等心理反应的载体,以达到心理感化的效果。

## 第二节　对外传播中文化翻译的"前知"与"后释"①

文化是人类所创造的物质与精神财富的总和,包括物质层面的器物名称、概念等,也涵盖规制层面的制度、规章等,还体现观念层面的思想、意识

---

① 刊载于王梅,李建军. 对外传播中文化翻译的"前知"与"后释". 浙江海洋大学学报(人文科学版),2018(1):81-87.

等。文化是在一定的自然生态环境和社会生态环境下产生、发展和延续的，具有鲜明的地域、民族特色。跨文化翻译时很容易造成翻译的失误，因为译者既要熟知和了解原文，又要在译文中进行合理恰当的阐释。

一、文化翻译失误

文化是某一社会的个体成员为了与其他所有成员相同或相异所必须熟知的一整套规范和惯例。在翻译处理文化信息的时候，往往会出现各种文化翻译失误。

文化翻译失误是指基于文化认知差异而发生的翻译阐释与表达不当的现象。任何一种语言都是与文化密切相连的。语言是文化的载体，文化是语言的内核。在不同语言间进行翻译转换，文化的隔膜往往成为翻译的障碍。1976 年纽马克（Peter Newmark）在"The Theory and Craft of Translation"（《翻译理论和翻译技巧》）一文中分析"意义走失"现象时，认为翻译中的意义走失是多方面原因造成的，但主要是"超额翻译"（过于细化）和"欠额翻译"（过于泛化）。文化翻译的失误也通常表现为文化翻译的欠额或者过载。

1. 文化翻译的欠额

文化翻译的欠额是指译文所承载的文化信息量小于原文所承载的文化信息量。欠额翻译是一种翻译不足，指译者因对原文文化理解不够充分或者在译文表达时阐释不当，而导致文化信息的不对等，最终导致部分文化信息的丢失。例如，汉语中的"讨老婆"，从字面上来看似乎可以译成 to beg a wife。但是，汉语中"讨老婆"的说法是相对于男方来说的，意思是男方捡了个大便宜，因为汉语中的"讨"本义是指"不花钱得到"，只要对方愿意给，就可以无偿地拿走。然而，在倡导男女平权的西方社会里并没有"讨老婆"这一说法，因此，将其译作 to beg a wife 会让译文读者以为中国人可以通过"乞讨"（beg）的方式来"获取"老婆，只有将其译作 to get married 才不至于让译文读者误解。这就是一种文化翻译的欠额。

再如，汉语中的"相声"是一种娱乐性的艺术形式，是以引人发笑为目的，以说、学、逗、唱等为表现手法，以幽默、滑稽的言语和讽刺的风格为特色，以单口、对口和群口为形式的曲艺形式。其英语表达有 Peking repartee、comic repartee、comic talk、comic dialogue、comic play 等。但在这些表达中，repartee 是指机智而又巧妙的应对，talk、dialogue 等都必须是两人以上的互动行为，这些翻译都未包含单口相声的含义，即"一个人出演的相声"，因此存在欠额。根据"相声"的功能与含义，将其译为 comic chitchat 比较合适。其他译例如下：

例1：

【原文】Scandal and gossip are meat and drink to him.
【译文1】丑闻和流言蜚语对他来说是肉和饮料。
【译文2】丑闻和流言蜚语对他来说是家常便饭。

在游牧文化影响下的西方文化中，meat and drink 是指人们的主要饮食产品，相当于中国的米面和粗菜，是很平常的东西。译文2将其内涵意义表达出来，弥补了欠额，通俗易懂。

例2：

【原文】John Bulls belong to the white race.
【译文】英国人属于白色人种。

例3：

【原文】His ruddy countenance and stout figure made him look a genuine John Bull.
【译文】他面色红润，身材胖硕，看起来就是个地道的英国人。

John Bull 通常被译作"约翰牛"，与英国人有密切关联。18世纪初，英国作家阿巴思诺特（John Arbuthnot）完成著作《约翰牛传》（*The History of John Bull*），提出英、法两国和平相处的主张，书中主角的名字就叫 John Bull，作者用他来代表英国。此后，John Bull 就成了英国或英国人的代名词。在政治漫画里，面色红润、体态肥胖的 John Bull 代表英国，而又高又瘦的 Uncle Sam（"山姆大叔"）则代表美国。此译例中，若将 John Bull 译成"约翰牛"就会造成翻译欠额，所指含义不够明确。

例4：

【原文】He would have made a good pilot but his drinking habit was his Achilles' heel.

【译文1】他本来会成为一名很不错的飞行员，可是他饮酒的习惯却成了他的阿喀琉斯的脚踵。

【译文2】他本来会成为一名很好的飞行员，可他的饮酒习惯却成了他的致命弱点。

阿喀琉斯是古代希腊神话中的一位英雄人物。传说他的母亲西蒂斯是海神纳诺斯的女儿，后来西蒂斯下嫁凡人珀琉斯，生下阿喀琉斯。西蒂斯抱着阿喀琉斯来到冥河洗澡，拎着他的双脚，将他置于河水中，使他变得刀枪不入。可是由于手捏着的脚后跟没泡到水，使得脚后跟成了阿喀琉斯唯一的致命弱点。译文1采用直译的方式，意义不够明了，存在欠额现象；译文2采用意译的方式，表达明晰。

例5：

【原文】有一孙真人，摆着筵席请人，却教座下老虎去请。

【译文1】There was an Immortal SUN who had prepared a feast, but he sent his saddle tiger to invite the guests.

【译文2】There was a Taoist master SUN who had prepared a feast, but he sent his saddle tiger to invite the guests.

在汉语文化中，"真人"既可以指道教修行的活人，也可以指死后成仙的道教神灵。译文1将"真人"译作Immortal就造成了欠额现象，既没有体现出道教的特征，又局限于死后成仙的状态；译文2将其译作Taoist master，则将两种含义都包含在内，弥补了欠额。

2. 文化翻译的过载

文化翻译的过载是指译文所承载的文化信息量大于原文所承载的文化信息量。在文化翻译过程中，有时译者在处理文化信息时出现过度解释，使得译文所传递出的文化信息超出了原有的文化信息，这种现象就是文化翻译的过载。例如：

例6：

【原文】济公劫富济贫，深受劳苦大众的爱戴。

【译文1】Ji-gong, the Robin Hood in China, was much loved and respected by the poor.

【译文2】Ji-gong, who always took from the rich to help the poor, was much loved and respected by the ordinary people.

在中国文化中，济公是一个劫富济贫、乐善好施的人，译文1将其译作the Robin Hood in China 就有翻译过载的问题，因为在西方文化中为人们所熟悉的Robin Hood（罗宾汉）是绿林英雄，通过强取豪夺的方式从富人那里攫取财物来救济穷人，而中国的济公虽然也是劫富济贫，但他所采用的方式是柔性的，即采用计谋等手段从富人那里获取财物，或者诱导富人主动贡献财物来接济穷人。两者虽有相似之处，但还是存在差异。译文2避免了过载，意思比较清楚，也容易为西方读者所理解，并区别于他们所熟悉的Robin Hood。

## 二、文化翻译的"前知"与"后释"

语言是文化的载体，文化是语言的本质内涵。因此，在进行双语的翻译转换过程中，必然会遇到文化问题。对于翻译中的文化转换，必须做到"前知"与"后释"。

所谓"前知"是指译者要在翻译之前了解源语的文化现象、渊源和内涵。对源文化的"不知"，必然会导致"误释"，知之不深，或者知之不周，也会导致"释"的欠额或者过载。

所谓"后释"是指译者在知晓原文化的基础上，采用合适恰当的译文表达来阐释和传述原文的文化现象和内涵。不当的"释"会导致对源文化理解的"偏"与"误"。例如，在汉语中有"观""寺""庙""庵"等说法，很多译者会不加分辨地译作temple，这就存在一个"知"与"释"的问题，即"知"得不多与"释"得不妥的问题。

在中国文化中，有几大教派并存的现象，例如佛教、道教、基督教、伊斯兰教等，其中道教、佛教是中国的传统宗教，它们深深根植于中国文化之中。

各个教派的活动场所有不同的称谓,例如基督教的活动场所通常被称为"教堂"(church),而伊斯兰教的活动场所通常被称为"清真寺"(mosque)。熟悉中国文化的人应该了解,道教的活动场所通常被称为"观",如白云观,佛教的活动场所一般叫作"寺""庙"或者"庵"。"寺"是指场所比较大,且有男性僧侣生活或者维持的地方;"庙"是指有神仙牌位供奉,但没有人生活或者维持的地方;而"庵"是指女性僧侣生活或者维持的地方,场所有大也有小。

在"知"的基础上可以发现,简单地将"观""寺""庙""庵"等译成 temple 就有"释"层面的偏颇。在"释"的时候,首先要体现教派差异,如佛教的"寺""庙"前应该添加 Buddhist,译为 Buddhist temple,道教的"观"应译作 Taoist temple,伊斯兰教的"清真寺"已经有现存的英语表达 mosque,基督教的"教堂"的英语表达为 church。其次,在翻译"庵"时也要凸显其成员的女性性别特色,将其译为 nun-Buddhist temple,以区别于"寺"(monk-Buddhist temple)的男性性别特色。

要在文化翻译中做到"知"与"释",首先要掌握文化的层次、类型及其特点和内涵。文化有浅层的物质文化、中层的规制文化和深层的观念文化。对于浅层的物质文化,我们应该"知"其形态,"释"其概念;对于中层的规制文化,我们应该"知"其体系,"释"其意义;对于深层的观念文化,我们应该"知"其渊源,"释"其内涵。

1. 知"形态"释"概念"

物质是一个民族赖以生存和发展的基础,往往与该民族所生活的自然环境有密切的联系。在一定的社会环境中,人们会利用某些事物来传递一定的文化寓意。例如,在中国文化里,"鸳鸯"是一种鸟,因其雄性和雌性形影相随、不离不弃而被人们用来寓指男女之间忠贞不渝的爱情。英语中也有 lovebird 一词,该词原指一种分布在非洲的、与配偶厮守终生的鹦鹉,为了体现中国文化的特点,我们可以将"鸳鸯"译作 Chinese lovebirds,这样既传递了原有含义,又体现了文化特色,相比将"鸳鸯"译作 mandarin duck 更加直观、明了。

在英语中,大家都熟悉的 honeymoon(蜜月)是由 honey(蜂蜜)和 moon(月亮)组合而成,指的是新婚夫妇结为伉俪的最初一段时光,但并非像很多人理解的那样,确指结婚后的第一个月。honeymoon 一词最早出现于 16 世纪，honey用以喻指新婚的甜蜜，但moon喻指月亮的盈亏，暗示了好坏、苦乐、盛衰的变换。因此，honeymoon一词表明了甜蜜只是暂时的，需要珍惜，生活中还有艰辛和痛楚，需要夫妇二人一起经受。

例7：

【原文】China has showcased its long-awaited J-20 stealth fighter in public for the first time. Two of the radar-evading jets performed a 60-second flypast at the Zhuhai air show in Guangdong Province.

【译文】令人期待已久的歼-20隐形战机首次在中国公开亮相。两架（歼-20）雷达隐形战机在广东珠海航展上进行了60秒的飞行表演。

stealth fighter 的英文解释是 a fighter that is difficult to be detected by radar，难以被雷达识别出来的战斗机，译文中的"隐形"一词很好地表达了这一性能。

例8：

【原文】[宝玉]身上穿着银红撒花半旧大袄，仍旧带着项圈、宝玉、寄名锁、护身符等物。

【译文】With a half new cotton coat in silver pink and dotted blooming flowers, Bao-Yu was still wearing the neck ring, a jade, a silver longevity lock and a talisman.

寄名锁，也叫长命锁，是指挂在小孩胸前用以避邪的锁形饰物，多以金银制成，上面一般都镌刻有"长命百岁"或者"长命富贵"等字样。寄名锁通常是为体弱多病的孩子或者独生子女所制的佩戴饰物，有避祸驱邪、祝福长寿之意。将其译作 silver longevity lock，既展示了其材质，也表现了其功能，较好地阐释了寄名锁的概念。

例9：

【原文】他们表演了一个幽默小品来娱乐观众。

【译文】They performed a skit to amuse the crowd.

例 10：

【原文】小品已经成为近年来最火爆的文化艺术形式。

【译文】The parergon play has become the most popular art.

例 11：

【原文】The comic skit sent up the foolishness of young men in love.

【译文】小品勾勒出了热恋中的青年男人的痴态。

在汉语中，"小品"是一种通过某种故事或者行为的情景再现表演来揭露某种现象，阐述某种观点，提出某种分析或评论的曲艺形式。"小品"可以对应英语中的 short situational act、short act、parergon play、humorous performance、skit(a short theatrical episode，滑稽短剧)等。在以上 3 个译例中，译者根据具体情况，选择了不同的表达方式，做出了不同的阐释。

2. 知"体系"释"意义"

任何一个国家和民族，都有自身形成的规制体系，以维系社会和家庭秩序，促进社会的和谐、进步与发展。然而，在民族交往过程中必然存在规制的差异性。若不了解规制的差异性，只是盲目地借用，则会影响本民族的规制体系，导致体系的错乱。例如，现在很多人都用"码"来表示开车时的速度，这里说的其实是公里数。这种表达来源于英语单词 mile 的音译，原来也被译作"迈"，后又变为"码"。1 英里约等于 1609 米，有 1.5 公里多。然而，过去人们常常用"华里"来表示距离和速度，1 华里约等于 0.5 公里。这就造成了"迈""码""公里""华里"混用的情况，出现了所指不明或者意非所指的现象。

在进行双语翻译转换时，要知晓规制体系，然后寻求合理的翻译阐释，将内涵意义明确地展现出来。

例 12：

【原文】How many calories can an ounce of sugar supply?

【译文 1】1 盎司糖可以提供多少卡的热量？

【译文2】28克左右的糖可以提供多少卡的热量？

【译文3】半两左右的糖可以提供多少卡的热量？

盎司(ounce)是英制重量单位，1盎司为1/16磅，约为28.35克，相当于汉语中半两多一点的重量。因此，在翻译时，要进行适当的换算处理。在本译例中，译文1采用了直译的方法，译作"盎司"，译文2换算成了大家所熟悉的重量单位"克"，译文3则换算成了汉语中的质量单位"两"。比较3个译文，译文3更具通俗性，便于中国读者理解。

例13：

【原文】The Judge President had dealt with this matter, and I fully and respectfully accept his views and the conclusions reached by him.

【译文1】这个问题，审判长已经做出了判决，我尊重并完全接受他的意见和结论。

【译文2】这个问题，首席大法官已经做出了判决，我尊重并完全接受他的意见和结论。

在西方的法律体制下，审判案件是由陪审团来处理的，陪审团的成员包括President Judge(首席大法官)和Judge(陪审员)。在中国的法制体系下，首席大法官通常被称为"审判长"，其他的审判人员被称为"审判员"。为了体现西方的法律制度，可以将President Judge译作"首席大法官"。

例14：

【原文】在村里，人们把他看作是位"秀才"。

【译文】He is thought to be a scholar in the village.

例15：

【原文】萧强7岁入了庠序，到14岁就中了秀才。

【译文】XIAO Qiang went to school at the age of 7 and became a junior scholar at the age of 14.

例 16：

【原文】他中了秀才，也中了举人，但最终也未能中进士。

【译文】He successfully became a junior scholar and then a middle scholar, but he failed to become a senior scholar in the end.

在汉语中，"秀才"是对科举考试体制中通过乡试者的称谓，是最低层次的知识分子，也可以用来泛指读书人。通过会试者被称为"举人"，通过殿试者被称为"进士"。译者在翻译时应根据语境，确定其具体的文化内涵。上面三个译例对"秀才"的翻译采取了不同的处理方式，例 14 用了泛指含义，例 14、例 15 中用了 junior scholar，以便于展现层次和等级的区分。在例 15 中还有一个文化词"庠序"，在中国古代指"地方学校"，后泛指"学校"，也可以引申为"学者"，在句中被翻译成 school，比较恰当。

例 17：

【原文】他给薛峰找了个童养媳。

【译文 1】He found a child bride for XUE Feng.

【译文 2】He found a girl to be raised as the future-wife for XUE Feng.

"童养媳"是指在旧时中国被收养的女童，作为未成年儿子的"储备老婆"。译文 1 中的 child bride 有可能造成误解，让译文读者以为这是成年人所娶的"儿童新娘"。译文 2 的阐释就更贴近原意，也消除了歧义的嫌疑。

3. 知"渊源"释"内涵"

一个民族在规制应用和执行过程中，逐渐形成文化积淀，并成为一种根植于思想深层的观念，影响着人们的言行举止和生活的方方面面。

在西方社会里，love 可以用于众多场合，朋友、亲属、同事、情侣之间都可以使用 love。然而，在中国文化中，情感分为几大类，对于一般大众可以表"同情"，对于熟识的朋友可以讲"友情"，对于钟情的对象可以是"恋情"，对于相爱的情侣可以谈"爱情"，婚后家庭成员之间的感情系"亲情"。因此，在中国，"我爱你"的说法属于"舶来品"，一般不可以乱说，要区分场合和情形。

在进行英汉翻译时，译者应该知道或者了解这些影响人们思想和行为的深层观念，知其"源"，然后在理解的基础上对其内涵意义进行合理的阐释，使意思对等，含义贴切。

例 18：

【原文】It was another one of those Catch-22 situation, you're damned if you do and you're damned if you don't.

【译文】这又是一个两难的局面，做也不是，不做也不是。

Catch-22 出自美国当代小说家海勒(Joseph Heller)的小说《第二十二条军规》(Catch-22)，该条军规规定，只有疯子才能获准免于飞行，但必须由本人提出申请。但你一旦提出申请，恰好又被证明是一个正常人，则还是在劫难逃。后来，该军规被引申用来表示"左右为难的尴尬局面"，其反映了西方所谓"自由"的观念看似是自由的选择，实际让人落入别人设计的圈套中，受到不易觉察的限制，即看似自由，实为圈套。

例 19：

【原文】唐贞观年间，在永嘉有赵大、王二、孙三和李四姨表兄弟四人。

【译文】There lived four people in Yong-jia County in the years of Zhen-guan of Tang dynasty. They were maternal male cousins, respectively named ZHAO Da，WANG Er，SUN San and LI Si.

"姨表兄弟"是指母亲的姐妹所生的男孩，基于母亲的关系所建立的姻亲关系被称为"姨表兄弟"，以区别于父亲的姐妹所生的男孩，即"姑表兄弟"。在汉语文化中，二者虽然都是姻亲关系，但还是有严格的区分，一是为了防止近亲结婚，二是为了体现亲疏关系。原文中的"姨表兄弟"具有鲜明的中国文化内涵，反映了中国人的家族观念。译者应该了解其中的文化内涵，在翻译时有意识地体现和传达这种文化内涵，将其表达为 maternal male cousins，增补 maternal 以体现"姨表"这一关系，又增补 male 来排除 cousin 中所包含的"表姐妹"的含义，使得汉语中的文化内涵表现得精确到位。

例 20：

【原文】其实有虎子这么个<u>干儿子</u>也不坏！

【译文 1】Actually, it would be a good idea to take Huzi as your <u>adopted son</u>.

【译文 2】Actually, it would be a good idea to take Huzi as your <u>fictive son</u>.

【译文 3】Actually, it would be a good idea to take Huzi as your <u>authorized son</u>.

译文 1 将汉语中的"干儿子"译成 adopted son，这里就存在文化欠额的问题，因为英语中的 adopted son 是"养子"的含义。在汉语中，"养子"一般是与养父母没有血缘关系但共同生活的男性晚辈，与养父母之间存在相互抚养的责任和义务，在很大程度上有准亲属关系或者受认可的亲属关系；而"干儿子"一般不与"干父母"共同生活，双方是一种虚拟的关系。译文 2 将"干儿子"译成 fictive son，容易引起外国读者的不解或误解，因为 fictive 意为"虚构的、想象中的"。译文 3 将其译作 authorized son，即"认可的儿子"，意思比较明了，弥补了欠额，也避免了误解。

综上所述，在进行英汉翻译时，文化的影响因素是不可忽视的，译者只有在"知"原文文化的基础上，才能做出准确而适当的阐释。这就要求译者熟知双语的文化背景，通过"熟知"与"滤释"（即过滤性阐释）来避免翻译中的文化欠额与过载问题，准确地再现原文的文化内涵。

## 第三节　中国文化对外传播翻译中的过滤性阐释[①]

语言是文化的载体，文化的传承离不开语言的媒介性作用，文化的传播离不开语言的翻译活动。然而，怎样才能把中国文化传播出去，传播出去的文化是否准确地道，外国读者又能在多大程度上理解和接受中国文化，这其中翻译的作用是不可低估的。

---

① 刊载于黄会林. 中国文化的世界价值——"第三极文化"论丛（2016）. 北京：北京师范大学出版社，2018：244-256.

国外媒体曾展开热烈讨论，中国羊年的"羊"是什么羊，他们的译法五花八门，有译成 sheep 的，有译成 ram 的，有译成 lamb 的，也有译成 goat 的，还有译成 unicorn 的。这里涉及对中国文化的翻译，十二生肖中的动物要么是象征吉祥的动物图腾，要么是人们熟知的动物，其中的"羊"应该是人们饲养来提供肉食的"山羊"，对应的英语表达是 goat。可见，外国人不懂很正常，译得五花八门也可以理解，但是这些翻译给中国文化的对外传播带来了消极的影响。因此，中国文化的传播需要译者的过滤性阐释。译者只有通过恰当的过滤和合理的阐释，才能保证文化内涵信息的正确传递，让读者容易理解和接受，甚至爱上中国文化。

## 一、对外传播翻译中存在的文化阐释问题

语言具有语义载荷和文化载荷的双重功能，承载着语义信息和文化信息。"没有一种语言不是植根于某种具体的文化之中的，也没有一种文化不是以某种自然语言的结构为其中心的。"[①]翻译往往涉及两种语言符号和两种文化形式的转换。因此，在对外传播翻译中，常常会遇到客观的现实问题和主观的倾向性问题的干扰和影响。如何用一种语言符号来准确传输另一种语言符号所承载的文化内容，需要借助语言符号的技术性手段来处理。

1. 对外翻译的客观现实问题

语言反映文化，语言也承载文化。语言符号的差异和文化本质的隔膜，都是不受人们意志调控的客观现实问题，也构成了跨文化翻译的障碍。

1.1 语言符号差异

任何语言都是由语音和形态构成的体系，然而，不同语言的构成体系存在着一定的差异性。汉语属于释义注音文字，是由基本笔画构成汉字，由汉字（词素）构成词语，再由词语按照一定的逻辑规则构成句子。汉字无论繁简，都只有一个音节，如"一"与"翼"；但汉字需要凭借音调来进行一定程度的区分，如"衣(yī)""移(yí)""以(yǐ)""意(yì)"。英语属于字母拼音文字，是由字母构成单词，由单词按照一定的语法规则构成句子。字母按照一定的规则拼读而成，单词的音节具有粗放性特点，可以是一个音节，也可以是多个音节，如 sun、Sunday、sunflower 等。音节的轻读、重读也要遵循一定的规

---

① Lotman, Y. M. & Uspensky, B. A. On the semiotic mechanism of culture. *New Literary History*, 1978(2): 211.

则,有重读、次重读和轻读音节之分,如 representative(/ˌrɛprɪˈzɛntətɪv/)。

语言符号既具有鲜明的民族性和地域性特征,也具有深刻的文化内涵。人们常常可以通过语言符号的形态结构如字母的多寡、笔画的先后、上下的布局等等来表达其蕴含的意义。例如,汉语中的"八字还没见一撇"就是借助汉字的结构形态来表意的,因为"八"字只有两笔,连应该先写的一撇都未写出来,表示事情远未成功。这种语言符号带来的障碍只能通过译者的理解过滤,被意译为 there's no sign of anything happening yet 或者 nothing has been done so far。

在翻译中,当两种语言中缺乏对应表达的文化符号时,很多译者往往采用音译来处理。例如汉语文化中的"道教",是我国古代以老子、庄子为代表的一种思想流派,主张遵循规律,顺应自然。如果音译应为 Daoism,但学者们往往接受威妥玛拼音的译法 Taoism。经典著作《道德经》的书名,多见音译为 *Dao De Jing* 或者 *Tao Te Ching*。这样音译存在两个问题:一是拼音有威妥玛拼音和现代汉语拼音两种形式,且现代汉语拼音形式未标音调,会造成意义的多变与联想;二是音译难以让读者一目了然地看出相关内容,失去了翻译应有的功能作用,会影响传播的效果。

### 1.2 文化隔膜

民族间的文化现象和文化形态往往呈现出非对应性的关系,受文化的缺位、错位以及假性等值等因素干扰,会对文化载体形式与内涵信息产生深刻影响。在跨文化、跨语言翻译过程中,语言表达形式和文化内涵之间往往存在着不可调和的矛盾和冲突。东、西方文化分别属于两种不同的文化体系,其产生和存在的背景和环境不同,这导致其文化本质性的差异。

首先,物质环境决定了文化的特色。中国文化属于典型的大陆文化,受山河等自然生态环境限制,区域性农耕自给特色鲜明;而西方文化属于海洋文化,受水域、气候等自然生态环境影响,开放性游牧商业特色鲜明。这些文化特色直接反映到语言之中。汉语中的很多表述都与人们熟悉的山河、农业、餐饮和动植物等的特性有关,例如"常在河边走,哪能不湿鞋""瓜熟蒂落""不温不火""赶鸭子上架"等。而英语中的许多表述则与人们熟悉的海洋、船舶、动物等的特性有关,如 all at sea(茫然不知)、know the ropes(懂得诀窍)、as strong as a horse(健壮如牛)。

其次,宗教意识影响人们观念与认知的形成。中国有儒教、佛教和道教三种主要教派,其中儒教存在的时间最长,影响面最广,几千年来一直主导着中国的国家、社会秩序和家庭伦理关系,影响着人们的观念、认知和行为。佛教自引入中国后,在引导人们形成弃恶扬善的意识方面产生了深远的影响。道教教化人们遵循自然规律,在推动社会和谐发展方面产生了积极作用。三种教派各自发挥着影响性作用,但在不同的地域、对不同的人群产生影响的程度存在一定的差异性。

在西方社会,基督教是影响时间最长和影响面最广的宗教。与中国的三大教派相比,基督教教义所主张的博爱淡化了人伦亲情。这种差异性既反映在观念上,也反映在语言中。例如,在重视宗族和人伦的中国,称呼女性为"夫人"时往往带上女性本身的姓氏,如《红楼梦》里的"邢夫人"和"王夫人"等称谓中都包含着她们原来的姓氏;而在西方社会,称呼女性为"夫人"时往往带上其丈夫的姓氏,如称呼希拉里为"克林顿女士"(Mrs. Clinton)。

2. 对外翻译的主观倾向问题

在对外翻译过程中,译者的潜意识中总有一种文化倾向在控制、指挥着自身的翻译行为。这种主观倾向在译者的翻译目的、翻译原则以及翻译方法的选择等方面具有决定性的影响。

2.1 翻译原则的选择倾向

在翻译界,学者总结出了众多的翻译原则,如归化和异化原则、顺应原则、目的原则和对等原则等等。译者的翻译行为总是有意识或者无意识地被某种倾向控制着。范仲英在谈到中国人姓名英译中姓和名的排列顺序问题时认为:"翻译应该根据译语的表达习惯,译成英语就得符合英语习惯。"[1]在这种倾向性原则的影响下,译者在翻译中国人名时总会将姓氏后置,如将"曹雪芹"译作 Xueqin Cao。其实,中国人的姓名与西方人的姓名在功能上相同,都起着指称作用,但其本质和文化意义存在差异。在重视宗族的中国社会中,姓氏是血亲的标志,一方面可以辨识亲缘关系,另一方面可以规避近亲婚姻的发生;名字可以识别辈分,区分男女。而在西方社会里,名字是个体权利和身份最重要的标识,其次是洗礼时牧师授予的教名,最后才是姓氏。如果一味地迎合习惯,不仅会丧失本民族的文化特色,有时还会造成错乱。例如,20世纪80年代初,时任中国外交部部长黄华出访非洲某国,当地的英文报刊误将他的名字"华"作为姓氏来报道。

---

[1] 范仲英. 谈谈中国姓名的英译问题. 中国翻译,1990(5):38-39.

2.2 翻译方式的选择倾向

翻译过程中,译者往往会在原则倾向的基础上做出翻译方式的倾向性选择,这直接影响着译文的质量,以及语义信息和文化信息传递的真实度和准确度。

恰当的翻译方式有利于文化信息的传递,而不恰当的翻译方式通常会对原文化的内涵进行歪曲。美国作家赛珍珠(Pearl S. Buck)在中国典籍《水浒传》的译本序言中表示,她尽量以直译的方法来翻译这部小说,因为她认为原著的风格和内容是非常吻合的,自己唯一的努力是尽量使译文和原文相似。她希望不懂中文的读者至少能产生一种错觉,即他们读的是原著。[①]随后,她在翻译过程中遵循这一方式,采用直译的方法,例如将"放屁"译作 pass his wind,将"三番五次"译作 three times and five times,等等。但这些译文不仅不能传递原作的风格特色,有时还会歪曲原意。

二、文化翻译的过滤性阐释

奈达(Eugene A. Nida)在谈到语言与文化的关系时,认为翻译不仅仅是语言问题,语言永远是文化的一个组成部分,任何文章所表达的意思都直接或间接地与所属文化相关联。跨文化和跨语言翻译既要处理语言符号信息,同时也要处理文化内涵信息。文化的影响并不在于微观层面的文字本身,而往往在于宏观层面的意识形态。文化翻译既依附于语言,又超脱于语言。文化翻译依附于语言是指文化必须依赖语言这一载体,超脱于语言是指文化内涵有时超出语言的字面含义,要求译者深度介入,进行相应且合理的阐释。

1. 文化阐释

"阐释学"一词源于希腊神话中有关赫耳墨斯的神话传说,最初的意思是对神谕的解说,即将隐晦的神谕转换为人们可以理解的语言信息。后来人们将这一概念进行了拓展,应用于哲学、政治、文学、科学乃至文化等领域,并逐渐将其发展成为现代的阐释学。

美国著名文化人类学家、修辞家基尔茨(Clifford Geertz)在其所著的《文化的阐释》(*The Interpretation of Cultures*)一书中认为,文化是"用符号的

---

① Buck, P. S. *All Men Are Brothers*. New York: The John Day Company, 1933.

形式来表达,并通过符号的方式来进行交际、延续传播和拓展知识与生活态度等所传承下来的观念体系"①。基尔茨认为,"人类学家所起的作用是尽力对每一种文化的导引符号做出阐释"②。

翻译的一端是作为感性对象的原文文本,其语言所表达的是某一特定社会的理念与行为,并从一定程度上反映出该特定社会所具有的独特文化内涵,另一端是具有感性认知的读者,他们具有丰富的本族社会文化经验和认知,而对异域文化因缺乏了解而感到陌生,甚至产生抵触。因此,介于文本和读者之间的译者,需要通过发现和利用两种语言的同质,为原文和读者搭建起沟通的渠道——译文,其主要的任务就是处理好翻译过程中的文化障碍问题。

要处理好文化障碍问题,就要对文化进行相应而合理的阐释,这种文化阐释需要译者进行适度的过滤,即对源语文化的过滤性内阐释,以及由源语文化到译语文化的过滤性外阐释,通过相应而合理的阐释使得源语和译语所表现的文化内涵信息相等或者相近,从而避免文化内涵的歪曲,也使读者更容易理解和接受。

2. 过滤性内阐释

过滤性内阐释是指译者对源语文化的理解和阐释的过程,即译者在翻译前对源语文化所进行的语码解读,完成原文本符号的文化信息和文化意义阐释的过程。过滤性内阐释是对源语文化的释码过程,对文化阐释的准确性起着决定性作用。

过滤性内阐释首先要对源语文化信息进行解读性过滤,准确把握和解读源语文化的本质内容和信息内涵,保证要转化的文化信息的准确性,使得源语文化信息与原文本信息等值等量。在此基础上,要结合具体的语境,对解读过来的文化信息进行定位,使文化信息实现具体化和个性化,为译文符号的选择打好基础,做好准备。

在文化传播翻译中,译者对源语文化阐释的正确与否,一方面直接影响到文化内涵传播的正确性,另一方面也影响到译文读者对源语文化认知的准确性。内阐释主要有两个方面的影响因素,一是译者对源语文化的理解准确程度,二是译者所采用的阐释方式的恰当性。

---

① Geertz, C. *The Interpretation of Cultures: Selected Essays*. London: Basic Books, 1973: 89.
② Geertz, C. *The Interpretation of Cultures: Selected Essays*. London: Basic Books, 1973: 70.

## 2.1 准确的解读过滤

汉语文化源远流长,博大精深。译者要在翻译中传播汉语文化,必须了解或者熟悉相关文化,在翻译前要对文化做出准确的解读。例如,汉语中的"乾"与"坤"相对应,是易经中相对的卦象,既可以用来表示"天"与"地"、"日"与"月",也可以用来表示"男"与"女"、"阳"与"阴",还可以用来表示"西北"与"东南"等方位。其翻译应该根据具体的表意来进行对应性的转换,如《汉书·礼乐志》"至武帝定郊祀之礼,祠太一于甘泉,就乾位也"中的"乾位"就源自易经卦象所象征的方位,即西北方;《歧路灯》"乾造天乙贵人,坤造紫微红鸾"中的"乾造"就源自《易经》起卦法中对男子生辰八字的称呼,指婚姻中的男方;《唐享昊天乐》之三中提到"乾仪混成冲邃,天道下济高明",此处的"乾仪"源自《易经》起卦法中的"天",指"天纲",即国家的法规制度。由此可见,对源自《易经》中的"乾"的解读并非 Creative(造物主)、qian、chien、Heaven(天)、the Qian Hexagram 等音译或意译所能简单表达的,需要译者的深入解读。

对文化不理解或者理解不到位往往会造成文化信息的严重缺失,甚至会传递错误的文化信息,例如《道德经》中的名句"道,可道也,非恒道也",句中有三个"道",但意思却不完全相同,第一个和第三个"道"的意思是一样的,根据道教的教义应该是"(自然)规律"的意思,第二个"道"是"用言语阐述"的意思,因此该句应该译为 the natural law can be stated in language, but it is not the eternal law,这样才能反映出其深层的文化内涵。如果将第一个和第三个"道"译作 way,将第二个"道"译作 say,就会造成文化信息的严重缺失,导致文化信息的误传。

## 2.2 恰当的定位过滤

对文化的阐释既需要对原文文化内涵的准确解读,也离不开恰当的定位,译者必须熟悉和了解译文语言中相应的表达形式及其词语内涵,结合具体语境,将抽象的文化个性化和具体化,并寻求恰当的对应表达。以经书的翻译为例,在中国文化中,很多有关思想、道德和行为标准的书籍都被冠以"经"的名头,如《诗经》《易经》《佛经》《三字经》等。而在英语中,根据词义解释我们可以发现,表示宗教经典的是 scripture,表示文学经典的是 classics,表示行为、信念经典的是 doctrine,表示哲学经典的是 theory,表示箴言性经典的是 sutra,表示文选、语录经典的是 analects。因此,对于汉语中"经"的阐释应该根据具体情况而有所区别,且应该与英语中的相关表达相对应。例如,《诗经》中的"经"指文学作品之经典,应该被译为 *Classics of Poetry*;《易经》是一部具有辩证思想的理论性著作,此处的"经"应该被译为 *philosophical theory*,《易经》应该被译为 *Philosophical Theory of Changes*。

对文化阐释的方式不恰当,不但会影响文化信息的正确传递,而且还会误导读者,甚至引起读者对文化的误解和曲解。例如,由于很多学者对汉语典籍《楚辞》中的"辞"的理解不同,所以出现了不同的英译形式:odes(颂歌)、song(歌)、elegy(哀歌)、verse(诗句)等。其实,"辞"是中国古代的一种文体,起源于战国时期,也称"赋",是诗体性记事或者说理散文。汉朝人将屈原等文人所作的赋汇编成集,称之为《楚辞》。因此,通过内阐释过程,《楚辞》应被译作 *Collection of Poetic Essays*。

3. 过滤性外阐释

过滤性外阐释是指译者在对源语文化正确理解和阐释的基础上,创造性地进行文化信息的再编码输出,进行从源语的文化信息向译语文化信息的转换,即完成译语的文化再编码过程。

中国文化与西方文化之间存在厚重的隔膜。译者在翻译时,应该发挥过滤器的功能,在充分进行内阐释的基础上,不局限于字面,通过表达形式上的选择和变更,利用形式的再创,彰显中国文化特色。通过解释和转换的方式,准确传递中国文化的内涵,让读者在其认知水平范围内易于理解和接受。

3.1 创设文化符号

中国文化的对外传播应以树立中华民族的形象,维护民族和国家的尊严为目的,可以通过创设文化符号的表达方式,凸显中国文化特色。例如,在中国古代,姓名由三部分组成,即"姓氏+排行+名字",其中姓氏体现了血统关系、家族制度和婚姻制度,排行体现了辈分的区别,以便于同宗族姓氏成员之间的相互称谓以及为纲常礼仪所用,而名字有区分男女性别之用,男性往往采用有阳刚之意的汉字,而女性往往采用有阴柔之美的汉字。因此,要体现这种独特的文化特色,译者应该将中国人姓名的姓氏拼音全部大写,在排行和名字之间用连字符连接,如将"陈独秀"译为 CHEN Du-xiu,让外国读者一眼就能识别这是中国人的姓名。

## 3.2 解释性过滤

翻译的表达方式多种多样，翻译的目的也是林林总总，选择不同的表达方式，其传播的效果会存在很大差异。为了适应读者的认知水平，让读者能够理解中国文化，有时对于一些特色文化内容，特别是处于文化缺位状态的表达，译者应该通过各种方式来加以解释。例如，汉语中表示直系血亲关系的"爷爷"和旁系姻亲关系的"外公"对于称谓人来说亲疏有别，而英语中对应的只有 grandpa，没有血亲与姻亲的区分。如果要体现中国的文化含义，就应采用增补性阐释，通过增补 paternal 和 maternal，分别将"爷爷""外公"译成 paternal grandpa 和 maternal grandpa。

## 3.3 转换性过滤

文化源自人们对现实生活的总结。例如，源自现实生活中人物形象的京剧脸谱，是根据人物形象特殊的性格类型而彩绘的。目的论认为，翻译是一种基于原文的文本处理过程，"原文仅仅是译者使用的多个'信息来源'的一种"，其地位不再"神圣不可侵犯"，译者可以根据翻译的目的决定原文的哪些内容可以保留，哪些需要调整或改写。①

文化承载着深厚的民族内涵。在传播中国文化时，应该注重内涵的传递，译者不应只专注于字面意思，还要通过形式的转换来达到内涵信息的准确传递。

在中国，喜庆场合通常用红色进行装饰，因此红色成为吉庆的象征。例如，中国古代女子出嫁时盖在头上的红盖头，与英语中的 red head veil 含义相似，然而，"红盖头"所具有的深层文化含义是"结婚时专用的红色头饰"，其他时间所戴的相同或者类似的红色头饰都不能被称作"红盖头"。因此，用英语中的 wedding veil 来表示"红盖头"，虽然不见红色，但可以将其文化信息准确地传递给译文读者。再如，《宋书·沈庆之传》里"陛下今欲伐国，而与白面书生辈谋之，事何由济"中的"白面书生"并非对应英语中 pale-faced scholar 或者 white-faced scholar。"白面书生"有两层含义，一是"白面"，指与在阳光下劳作的皮肤黝黑的农夫相比，因较少晒太阳而皮肤白皙的人；二是"书生"，指那些从书本上学习理论知识但缺乏实际锻炼的读书人。"白面书生"往往被用来指年纪轻、见识浅、缺乏实际锻炼的读书人。因此，将其译

---

① Nord, C. *Translating as a Purposeful Acting-Functional Approach Explained*. Shanghai: Shanghai Foreign Language Education Press, 2001: 25-29.

为 the inexperienced scholar 才能表现其文化内涵。

中国文化翻译阐释的目的是，既保证文化信息的真实，避免文化信息缺失、遗漏、欠额、错误或歪曲，又保证读者能够在其认知水平和能力的基础上理解和接受中国文化。在翻译过程中传播中国文化，译者往往会遇到主观倾向和客观语言文化的现实障碍。本研究认为，译者要进行深度的过滤性介入，既要通过准确解读，选择定位恰当的过滤方式，完成对中国文化的内阐释，又要通过文化符号的创设、解释性过滤和转换性过滤，跳出字面意思，挖掘内涵，完成文化翻译的外阐释。这样，既有利于读者的理解，激起读者的兴趣，引导读者去接触和了解相关的中国文化，又不失中国文化的内涵和特色，不断推动中国文化在世界范围内的传播，并提高中国文化的国际影响力。

# 第五章
# 文化翻译阐释之惑

在翻译过程中，译者难以逃避文化的隔膜与困扰，在处理文化信息时，立足于何种目标和理念，采用何种表达方式都是译者的自主选择。例如，在汉语"态度不认真，早晚要丢掉饭碗"的表达中，"饭碗"是译成 rice bowl 还是 job？同样，汉语中的"肉眼"是译为 meat eye、physical eye，还是 naked eye？哪种效果更好，又如何评估？

怎样才能正确传递文化概念的含义？例如，在汉语中我们会说"黄昏恋"，人们借用时间概念"黄昏"来喻指一生中即将就木的老龄阶段。有人没有厘清"黄昏恋"的概念，就将其译成 love in the sunset of one's life，很明显歪曲了"黄昏恋"的概念内涵。其实在英语里也有意思相同的表达，即 twilight romance 或 romance of the elderly，其中 twilight romance 借用了 twilight 的概念（一天中太阳即将下山的时刻，即黄昏时刻）。在英语中还有类似的借指用法，如 in the twilight of the empire（在帝国的没落时期）。因此，将"黄昏恋"表达为 twilight romance 比较容易让读者理解和接受。

另外，还有虚实问题的处理。例如，对于柳宗元诗歌《江雪》"千山鸟飞绝，万径人踪灭"中的"千""万"，李白诗歌《望庐山瀑布》"飞流直下三千尺，疑是银河落九天"中的"三千尺""九天"等，是译成具体数字还是译成抽象的概念数字？有人将"千""万"译成 hundreds、thousands，将"三千尺"译成 three thousand feet，将"九天"译成 the ninth height of the heaven、the ninth heaven。在诗句中，"千""万""三千尺""九天"等都是非实指的虚数，是一个夸张渲染氛围的用词，因此，采用抽象的概念比较恰当。

鉴于上面的分析,将诗句"千山鸟飞绝,万径人踪灭"表达为 in the mountains no flying birds can be seen, and on the roads no walking man can be found though keen 比较合适;将"飞流直下三千尺,疑是银河落九天"表达为 the waterfall runs from the place high, which it is mistaken to run from the sky 比较合适。

文化翻译常常会出现翻译阐释不足或者偏颇的情况,有硬译的无奈,归化与异化阐释之择,也有零阐释直译之忧,阐释欠额与阐释过载等等问题。

## 第一节　阐释与文化阐释

我们经常在看到一样东西的时候,只能看到其外表形象,对于其为什么存在、为什么是这个样子等问题,如果听到懂的人给出解释,会有一种恍然大悟之感。

比如,我们经常会看到一些大型建筑的门前摆放一对石狮,很多人只了解石狮是镇宅用的。但怎么辨识雄雌,怎么摆放?脚踩小狮和脚踩小球各有何寓意?为何有的嘴里含球有的没有?据说门前摆石狮是镇宅之用,一般遵循出门方向按左雄右雌摆放的规则,一则体现中国文化传统中的阴阳相合的理念,二则表现男左女右的习俗规范。雄狮右脚踩球,有张灯结彩、祈求太平的寓意,雌狮左脚抚小狮,有家庭和睦、享受天伦之乐的寓意。寺庙门前摆的石狮,往往都在嘴里含有小球,有"有求必应"的寓意。

可见,文化是规则、观念的呈现与暗含,存在文化差异和文化隔膜的时候需要借助合理恰当的阐释才能了解其含义。在跨语言的文化翻译过程中,阐释的原则、方式、方法等都是非常重要的,是读者理解文化内涵的主要途径。

### 一、阐释与文化阐释的概念

对任何不是很熟悉的概念和现象都需要有合理恰当的阐释才能达到知与悉的效果。

1. 阐释

阐释,是对存在的事物与现象的概念和意义进行阐述与说明,以达到意思明了,让读者或者目标对象能够理解的目的和效果。阐释是对事物进行积极而有序的理解与体验的过程。

汉语中"阐释"一词最早出现在晋代葛洪《抱朴子·嘉遁》的"幽赞太极,阐释元本"中。阐释即指对词语的含义进行准确的阐述和详细的解释。在英语中,hermeneutics(阐释)源自于神学的分支,主要解决诠释的原则。在西方社会里,"阐释"一词可以追溯到古希腊的文献中。在古希腊神话中,赫耳墨斯(Hermes)是宙斯与阿特拉斯之女迈亚的儿子,是商旅之神;他聪明机智,发明了尺、数、字母和七弦琴等,因而也被视为发明之神;他生性奸狡,会使用骗术进行偷盗,因而还被视为贼神;他还为宙斯与众神之间进行信息的传递,被视为信使;在罗马文化中,他被称为墨丘利(Mercury),即风神。后来赫耳墨斯承担了神与人之间的信息传递,负责向人传递诸神的旨意并进行解释,成为神与人沟通的使者,hermeneutics 一词也因此而得名。后来,该词的概念得到了拓展,被应用于哲学、政治、文学、科学乃至文化等领域,并逐渐发展成为现代的阐释学。

阐释学的兴起与发展主要在欧美国家。有德国哲学家、新教神学家施莱尔马赫(Friedrich Daniel Ernst Schleiermacher)的一般阐释学、德国哲学家狄尔泰(Wilhelm Dilthey)的体验阐释学、德国哲学家伽达默尔(Hans-Georg Gadamer)的语言阐释学、法国哲学家利科(Paul Ricoeur)的文本阐释学、德国哲学家哈贝马斯(Jürgen Habermas)的批判阐释学,等等。其中,产生影响的有文本阐释论和文化阐释论。利科对现象学与解释学进行了关联性研究,他认为文字与解释者之间存在一种相互作用的密切关系,解释者对原作者的文字意义可以不受限制地进行多种解读,解释从脱离文本情景的距离开始,以完成对文本意义的自我解读为结束。

2. 文化阐释

基尔茨在其所著的《文化的阐释》一书中认为,文化是"用符号的形式来表达,并通过符号的方式来进行交际、延续传播和拓展知识与生活的态度等而传承下来的观念体系"[1],"人类学家所起的作用是尽力对每一种文化的导引符号做出阐释"[2]。

翻译与阐释学有着天然的联系。正如伽达默尔所说:"如果我们回想起

---

[1] Geertzm, C. *The Interpretation of Cultures: Selected Essays*. London: Basic Books, 1973: 70.

[2] Geertzm, C. *The Interpretation of Cultures: Selected Essays*. London: Basic Books, 1973: 89.

阐释学这个名字的起源,那么很清楚,我们所处理的是一种语言事件,是把一种语言翻译成另一种语言,因而就是处理两种语言之间的关系。"①

文化阐释是指在翻译过程中为了让读者能够准确理解源语规制和观念的文化含义而采用的恰当的翻译方式和方法。例如,英国的大学有两种模式,一种叫作是 town university,另一种叫作 campus university,如果按字面翻译,将 town university 译作"城镇大学",将 campus university 译作"校园大学",估计很多不了解英国大学体制的人会将其误解为"不在城市而是在村镇办的大学"或"在大学或者中学校园里办的'校中校'式的大学"。

了解具体模式的人,在翻译时往往会尽量采用准确表达,避免引起读者的误解。此处如果将 town university 译作"(由城镇市民提供自由食宿的)无围墙的开放式大学",将 campus university 译作"(由学校统一提供食宿的)有围墙的校园式大学",读者就很容易理解,也不致偏误。

## 二、文化阐释的要求

文化是一定群体共同遵循的规则和理念,对于其他群体而言具有陌生感,因而在跨群体交流过程中,一个群体的文化超越了他群体成员的认知,需要进行说明才能让他群体的受众理解其中的内涵。这种说明要具有合理性和恰当性。

1. 文化阐释的合理性

文化阐释要合理,即要在逻辑、认知和情感等方面具有合理性,目的是让文化的内涵得以准确传递。例如,汉语中的网络语言"作死",现在流行的英译是 no zuo, no die。有一个外国留学生在视频中对这种表达说出了自己的看法,他认为这种说法超出了英美人的认知,因而很难理解其含义,合理正确的意译应该是 if you don't seek death, you won't die,这样的表达意思就很明了。

2. 文化阐释的恰当性

文化阐释要恰当,不应超出原文的语义范围,而应采用恰当的方式和语言表达,使得文化含义不至走偏。例如汉语表达"笑死我了",有人不顾英语语法和语言表达习惯,直接表达为 laugh die me,英语读者必定难以理解其

---

① 洪汉鼎. 百岁西哲寄望东方:伽达默尔访问记. 中华读书报,2001-07-25(5).

含义。如果我们采用符合英语读者认知的表达方法,如 laugh out loud(笑出声来)、laugh my ass off(把屁股都笑掉了),或者 rolling on the floor laughing(笑得在地上打滚,可缩略成 rof),就明了得多。下面我们来看一个译例:

例 1:
【原文】昨日黄土陇头送白骨,今宵红灯帐底卧鸳鸯。
【译文 1】Yesterday, yellow clay received white bones,
Today, red lanterns light the love-birds' nest.[①]
【译文 2】Yesterday, she attended the funeral with mourning at the graveyard,
But today she enjoyed the merry night with a new mate like a bard.

鸳鸯在中国文化中是爱情鸟,因鸳鸯有雌雄偶居的习惯,故人们用鸳鸯来比喻夫妻的不离不弃,表现真挚而忠诚的爱情。此处"卧鸳鸯"是指男女私情,通过"昨日"与"今宵"、"送白骨"与"卧鸳鸯"的对比,表现爱情并不忠贞的含义。

## 第二节 文化词英译中的"硬化"欠额与"软化"传真[②]

翻译是一种语言转换活动,由于语言所表达的是某一社会的信念与行为,并从一定程度上反映出某个特定社会所具有的独特文化,因此,无论是翻译理论研究还是翻译实践,都必然涉及文化。从翻译的实践来看,语言的翻译也是文化的翻译,因为语言是文化的载体,而文化词是文化承载的终端。翻译不仅仅是个语言问题,语言永远是文化的一个组成部分,任何文章所表达的意思都直接或间接地与所属文化相关联,离开了相关文化,词汇就失去了意义,文化的不同几乎自然而然地意味着语言的不同。

翻译的一端是作为感性对象的原文;另一端是具有自己社会文化经验的译文受体——读者。介于文本和读者之间的译者通过发现和利用两种语

---

① Hsueh-chin, T. A Dream of Red Mansions. Hsien-yi, Y. (trans.). Beijing: Foreign Languages Press, 1978: 10.
② 刊载于李建军. 文化词英译中的"硬化"欠额与"软化"传真. 华中科技大学学报(社会科学版),2006(6):63-67.

言之同质，为原文和读者搭建起沟通的渠道——译文，其重要任务之一就是要处理好翻译过程中的文化障碍问题。因此，在文化词的翻译中，"硬化"式翻译势必会造成文化信息的欠额，影响到原文文化信息的完整性、真实性和读者的可接受性。笔者认为，翻译的最佳效果就是信息上的传真。文化词的翻译应该注重文化的内涵信息的对等，超越文本形式看内容本质，采用灵活的"软化"翻译原则来达到文化传真的效果。

## 一、文化词的"硬化"翻译与文化欠额

文化词的"硬化"翻译就是片面追求形式上或者字面上的对等，而不考虑译文的可接受性和词语深层文化内涵的生硬的翻译。"硬化"翻译往往是零传输或者是只部分传输了源语文化环境中的内涵信息，即译文所传递的文化信息量小于原文的文化信息量，这常常造成误传或者深层文化信息缺失的现象，导致翻译中的文化欠额，一方面影响文化内涵信息的传输，另一方面还会影响读者的理解和接受，更达不到文化输出和交流的目的。

### 1. "硬化"翻译导致文化内涵信息欠额

语言是社会文化的产物，任何一种语言都是一定文化的载体。文化词承载着文化族群的价值观、是非观、审美观等精神理念内涵。相同字面表达的词语，在一种文化环境中所包容的文化内涵与另外一种文化环境中所包容的文化内涵并不一定存在对应的关系。"硬化"翻译往往影响文化内涵信息的传输，让读者不知所云，或者造成误解。例如，若将"我的堂表弟兄个个都很高兴"中的"堂表弟兄"译作 my cousins，就存在文化信息的欠额，因为在中国文化里"宗族"与"戚族"是有区别的，"宗族"系统里的旁系冠以"堂"，而"戚族"系统里的旁系则冠以"表"，而英语中的 cousin 既不分"堂""表"，也不分男女。此处若采用"软化"翻译处理为 my paternal brothers and maternal brothers 就弥补了缺失的文化信息。

### 2. "硬化"翻译导致读者理解的欠额

读者对译文的理解往往是建立在读者个人已有的认知基础上的，即把正在接触的知识信息与大脑中已知的储存知识信息联系起来并进行比对，以达到解读译文的目的。"硬化"翻译造成的文化欠额往往会让读者产生零反应或者逆反应。例如，将汉语"在艺术上我们不能东施效颦"翻译成英语 in art, we should not act as Dongshi who imitates Xishi 就是"硬化"翻译，

没有传输出原文必要的文化信息,译文读者会表现出零反应,因为在译文读者的认知范围内,他们不知道"东施"和"西施"分别为何人,喻指意义是什么。成语"东施效颦"被用来比喻盲目地模仿别人,结果适得其反的人。如果译作 in art, we should not blindly imitate others,就很简洁地把文化信息传递给了译文读者,不会造成理解上的困难。

再如,将"个人计算机业务对联想来说绝对不是一个鸡肋"中的"鸡肋"这个文化词译作 insipid foods 就会让读者不知所云,因为该词的意思是食之无味、弃之可惜的东西,如果用 dilemma 来处理可能就好多了。

## 二、造成文化翻译欠额的原因

导致文化翻译欠额的根本原因是译者忽视了语言间文化内涵的差异性,具体表现在主观和客观两个方面。主观方面首先表现在译者所持的文化翻译原则和态度上,片面追求文化的异化而忽视读者的可接受性,其次表现在译者对原文文化的熟悉程度上;客观方面表现在文化词语的假性等值上。

1. 片面追求文化的异化

有些译者在翻译文化词语时片面追求文化异化的效果,只注重文化词语字面形式的对等,往往忽视了译文读者的可接受性。

文化交流的目的是通过在目的文化中消减信息接收者在认知上的不确定性来达到的。不同民族的认知模式和读者的个性认知条件都存在差异性,如果译者过高估计译文读者的认知条件,往往会忽视译文的可理解性。

例2:

【原文】该公司违法操作,最后是赔了夫人又折兵。

【译文1】The irregular manipulation of the stock leads the company to the losses of wives and soldiers at last.

【译文2】The irregular manipulation of the stock leads the company to a double loss at last.

成语"赔了夫人又折兵"最早出自元杂剧《隔江斗智》,比喻没有占到便宜,反而遭受双重损失。译文1将其译作 leads... to the losses of wives and soldiers，会让读者感到一头雾水；译文 2 将其译作 leads... to a double loss 充分传递了原文的内涵信息，避免了读者的误解。

2. 缺乏对源语文化的理解

翻译往往受文化的影响和制约。译者的理解正确与否，在很大程度上取决于他对有关文化的了解。有些译者由于对源语文化理解不够，使文化信息传递不充分，从而导致文化的欠额。

例 3：

【原文】永和九年，岁在癸丑，暮春之初，会于会稽山阴之兰亭，<u>修禊</u>事也。

【译文 1】This is the ninth year of Yongho (A.D. 353) Kueichou in cycle. We met in late spring at the Orchid Pavilion in Shanyin to celebrate the <u>Water Festival</u>.

【译文 2】In late spring of 353 A.D., we met at the Orchid Pavilion in Shanyin of Kuaiji to attend <u>the Autumn Waterside Sacrifice Ceremony</u>.

"修禊"是我国古代南方地区于春秋两季在水边举行的清除不祥的祭祀活动，译文 1 将其译作 the Water Festival 欠妥，容易让读者误解为"水节"。译文 2 用 the Autumn Waterside Sacrifice Ceremony 来处理"修禊"就充分传递了其文化内涵。

3. 文化词的假性等值

造成文化翻译欠额的另外一个原因是由文化的语际民族性特征决定的文化词的假性等值。文化有其产生和存在的社会和民族背景，因此在一种语言中的文化词语会与另一种语言中的词语出现假偶合现象。早在 1957 年萨瓦里（Theodore Savory）就在他的著作《翻译的艺术》（*Art of Translation*）中提出了假性等值的概念。所谓假性等值，是指内涵意义不同的词语因其字面意思相同而给人们带来词义等值的假象。

例如，汉语中用于祭祀的"纸钱"并不等同于英语中的 paper money，因为在汉语中"纸钱"是祭祀时烧给死人用的冥币，而英语中的 paper money 或者 soft money 是相对于"金属钱币"（coin）而言的日常流通的纸质货币。可见,"纸钱"和 paper money 只是假性等值。因此,要表现汉语"纸钱"的文化内涵,应将其译作 spirit money 或 sacrifice money,这样才能保证其文化内涵的真实性和准确性,不至于让译文读者产生误解。

词的文化内涵具有两种情形,一是本族语中词的文化内涵大于它在外国文化中的内涵;二是在本族语文化环境中词的文化内涵小于外国文化环境中词的内涵。文化词的假性等值主要表现在词的指称内涵、引申内涵和联想内涵等方面的不同。

### 3.1 文化词的指称内涵不同

不同的文化群体的社会历史背景、风俗习惯等存在着显著的差异性,因而语言中词语的指称内涵也存在着差异性。例如,汉语中的"盘古"是指开天辟地的神(the universe-Creator),与英语中创造万物的 God(上帝,基督教称上帝为造物主)的文化内涵是不同的,因为在中国神话中,万物因有天地而自生,并非神灵所造。

例4:

【原文】有关明星<u>寻花问柳</u>的新闻经常见诸报端。

【译文】We can frequently read the news in newspapers about the stars <u>visiting the budding groves</u>.

在汉语中,人们常常用"花"(即花容月貌)和"柳"(即纤细的腰身)来指代美丽的女性。"寻花问柳"实指男性因好色而追逐女性,此处是狎妓的委婉说法。因此,将"寻花问柳"译作 visiting the budding groves 就是文化欠额翻译,译作 visiting the brothel 就比较妥当。

### 3.2 文化词的引申内涵不同

人们习惯于借用生活中的实物来表述某种事物或者现象的含义,这就是词语意义的引申。然而,不同文化族群的借指物和借指方式的不同导致其引申的意义也存在差异。例如,在中国有许多歌颂柳树婀娜多姿的诗句,如"春城无处不飞花,寒食东风御柳斜"等。然而,柳树在英语中是与"痛失所爱的人"联系在一起的,如 wear the willow 表示"服丧"或者"失恋"的意思。

例5：

【原文】做中人的卫老婆子带她进来了，头上扎着<u>白头绳</u>，……①

【译文】Old Mrs. Wei the go-between brought her along. She had a <u>white band</u> round her hair, ...

原文中的"白头绳"是文化词。在中国文化里，"白色"的含义不同于西方文化中的"纯洁"，而是表现悲丧情感。"白头绳"是妇女在其丈夫死后表示哀悼的一种头饰，如果直译作 white band，就丧失了这一文化信息，会影响读者的正确理解。因此，若译作 white mourning band 就较好地保留并传递了原有的文化引申信息。

### 3.3 文化词的联想内涵不同

人们的生活环境、族群爱好和发展历史往往对语言产生重要影响。通过对生活环境的观察，便与生活环境中密切接触或者与生活相关的人物、动植物、颜色等产生一定的情感联系，并吸收应用于语言当中。但不同族群的情感联想因生活环境的不同而存在差异。例如，汉语里的"鸳鸯"因成双成对地活动而被人们用来比喻忠贞的爱情，而英语中的 mandarin duck 却没有任何的情感联想意义。同样，表达相同的含义，不同语言中有不同的事物联想表达，如英语里用 goat（山羊）来指"好色之徒"，而汉语里却是用"色狼"来指称的。

## 三、文化传真与文化词的"软化"翻译

奈达提出的功能对等理论认为，译文读者所接收的信息应该与原文读者所接收的信息相等值。② 因此，在翻译文化词语时应当处理好文化与翻译之间的关系，特别是文化的语言表现形式和文化实质内涵之间的关系。采用"软化"翻译原则，即以文化传真为目标，以内涵优先于形式为前提，灵活地处理文化词。

---

① 鲁迅. 祝福. 北京：中国青年出版社，2004：6.
② Nida, E. A. *Language, Culture and Translating*. Shanghai: Foreign Language Education Press, 1993：116.

1. 正确认识文化与文化信息的关系——文化传真的基础与前提

文化不能等同于文化信息。文化是与一定的社会群体密切联系的物质和精神成果,是群体的社会遗传结构、特定的历史生活和种族特点的总和。文化可以以物质形式出现,也可以表现为一种意识形态。而语言文化是以意识形态的形式来体现的,需要通过语言信息的方式来展现其本质内涵。文化信息是为了适应异种文化群体的理解需要,以语言等媒介形式作为交换标记所表现出来的文化内涵。

文化与文化信息是一种相辅相成的内容与形式的关系,一方面,文化是文化信息所表现的内涵,不同民族的文化往往依附于一定的载体形式而存在;另一方面,文化信息是文化内涵的表现方式,它直接影响文化内涵的真实性和准确性。

在文化词语翻译中,文化欠额与文化信息量呈反比例关系。一般来说,翻译中传递的文化信息量越小,文化欠额就越大;相反,传递的文化信息量越大,文化欠额就越小。在翻译过程中,如果追求字面信息等值的最大化,就可能导致文化信息的最小化,出现文化欠额。

纽马克认为:"文化对等是把源语的文化词转化成目的语的文化词的一种近似的翻译。"[①]因此,翻译文化词时,不能局限于传递文化词的字面意思,而应选择适当的表现形式。

例6:

【原文】前室跪坐一铜御官俑……

【译文1】The driver is kneeling at the front cabin in official costume...

【译文2】At the front cabin, a tomb figure of a Royal official is sitting on his heels...

原文中的"御官"是指伴随皇帝左右的官员,不同于其他类别的官员,译文1将其译作 in official costume 就没有体现出必要的原文文化内涵信息,因为其没有体现出"御"(皇帝身边)的含义。译文2将其译作 a Royal official,再现了"御"的内涵,就使得原文的文化内涵信息得到了充分的传递。

---

① Newmark, P. *Approaches to Translation*. Shanghai: Foreign Language Education Press, 2001: 78.

### 2. 译者对原文化的正确理解——文化传真的必要保障

如果译者对源语文化不理解,就势必会向译文读者传递错误的文化信息,达不到文化传输和文化交流的目的。因此,译者对原文化的正确理解是文化传真的必要保障。

例如,杜甫《春望》"烽火连三月"中的"烽火"实指"战乱"(即安史之乱),相当于英语中的 rebellion war,而不能被译作 beacon fire;"国破山河在"中的"国"实指"首都"(即长安),而"山河"实指"国家",因此不能将"国"译作 country,也不能将"山河"译作 hills and rivers。

例 7:

【原文】吴氏宗祠为砖木结构的<u>两进平房</u>。

【译文】The Wu's <u>ancestral hall</u> is a half-timbered and <u>two-sectioned</u> house.

"宗祠"是中国人用来存放祖宗或先贤牌位并在一定时期举行祭祀仪式的宽大厅堂,不能等同于英语中的 temple。"进深"是中国建筑行业用来表述房屋长度(深度)的术语,"两进"实际是指房屋分前后两个部分。译文分别用 ancestral hall 和 two-sectioned 来处理,达到了文化传真的效果。

综上所述,翻译的过程是一种文化信息传输和接受的互动过程,对翻译作品来说,要达到文化信息传输和接受的互动效果,就必须保证文化信息传输的充分度。因此笔者认为,文化词的翻译应该注重文化信息和内涵的等值,避免简单的字面转换,减少翻译中的文化欠额。译者应超越文本形式,看内容本质,采用灵活的"软化"翻译原则,将对原文文化的正确理解作为必要前提,选择恰当的表达方式作为根本,处理好文化与文化信息之间的关系,保持原文的文化风格和特色,以实现文化信息传输的真实性和完整性,保证译文读者的正确理解,实现一种文化向另一种文化的传递,达到文化传真的效果。

## 第三节 文化翻译的障碍

任何跨国界、跨民族和跨语言的交流都离不开翻译,翻译不仅涉及语言的工具性问题,还涉及交际的对象、交际的目的等,更关乎语言产生、发展的文化环境。

随着中国社会经济的发展,中国的翻译事业蒸蒸日上,翻译活动可谓热火朝天,翻译成果算得上是硕果累累。然而,低劣的翻译事件也常常见诸媒体报端,往往会造成含义的"失真",也会给跨文化交流带来不应有的负面影响。这些低劣的翻译事件还引发了一些感叹的声音,也给人们带来了深入的思考。2018年10月24日香港《南华早报》刊登了名为《语言战——美国如何迷失于中文翻译》的文章:"我们在欣赏海外中国史研究的同时,不宜一厢情愿,认为海外的研究就比较高明,甚至不辨良莠,尽情翻译,几乎照单全收。"①赵启正提出了"通过准确翻译来阐释国家关键词"②的主张。

然而,在中国和西方两种语言文化存在显著差异的环境下,进行翻译更不是件容易的事,文化的隔膜是翻译的严重阻碍。在跨文化翻译中,既要精通语言,又要熟知文化。在翻译活动过程中,常常会遇到很多问题和障碍,有基础语言应用层面的问题,包括词义、语法结构、语用环境等,也有情感观念问题,如交际目的、交际对象、情感倾向等,还有深层的文化层面的问题,如知文化、识文化、释文化等。

在涉及文化的翻译时,译者应该关注文化差异,特别重视文化的假性等值、文化缺位和文化错位所产生的影响,切忌简单操作。

## 一、文化的假性等值

假性等值是指两种语言从字面看意思相当,但由于各种因素的影响而存在内涵上的差异,即表面意思相同,而实际意思不同甚至意思相反。翻译时如果仅仅依据字面意思来理解就会出现偏误的现象。

两种文化在渊源、背景、习俗等方面的差异常常会导致字面意思与内涵意思不同的现象,即假性等值现象。而文化的隔膜主要在于对文化内涵的理解差异和偏误。

曾经有个中国学者到美国去访学,美国的同学问他以前是干什么的,他想说"我以前是做赤脚医生的",便用英语表达为 I was a bare-feet doctor,美国同学显得十分惊讶。第二天,他改用英语 I was a red-feet doctor,他的美国同学还是很惊讶,不自然地向他的脚看过去,让他感到很尴尬。将"赤脚"

---

① 转引自:汪荣祖. 海外中国史研究值得警惕的六大问题. 北外国际汉学,2020(2):1.
② 赵启正. 跨文化传播中的话语力问题. 甘肃社会科学,2020(5):4.

理解为"光脚"(bare foot),或者将"赤脚"理解为"红脚"(red foot),都是假性等值。

在中国,"赤脚医生"是指那些在农村经过短期医学训练,可以治疗小伤小病但又不脱离农业生产的人,即亦农亦医的人,因为在干农活,有看病诊疗的需要就光脚前往提供诊疗服务而得名,与英语中的 village doctor 意思相当。如果要表现中国文化特色,可以表达为 farmer doctor。难怪美国同学听到 bare-feet doctor 和 red-feet doctor 时会显露出惊讶的表情,原来他们会认为此二者是某种特别的形式或者标识,因为在他们的认知中有"穿蓝色长筒袜的女学者"(blue stocking,指代才女)这样的表达。同样,有人将《西游记》中的"赤脚大仙"译作 Red-legged Immortal,也存在这种假性等值的情况,此处"赤脚大仙"应该是"光脚大仙",因此表达为 Bare-feet Taoist Master 比较合适。又如:

例 8:
【原文】在选举中失败是他难以下咽的苦果。
【译文 1】To be defeated in the election was a suffering for him.
【译文 2】He suffered a lot for his failure in the election.

"苦果"从字面意思可以理解为"苦涩的果子",很容易用英语 bitter fruit 或者 bitter medicine 来表达。然而,汉语中的"苦果"是指"痛苦的结果",强调的是结果,相当于英语中的 painful consequence 或者 bad consequence,与 bitter fruit 或者 bitter medicine 只是假性等值。此例译文在英语中表达时用了 suffering 和 suffer,表示心理上的煎熬,表意更加确切明晰。

例 9:
【原文】向文明的游客学习。
【译文 1】Learn from the civilized tourists.
【译文 2】Learn from the well-behaved tourists.

汉语词语"文明"与英语单词 civilized 或 civilization 似乎是等值的,其实不然。civilized 表示在科技和社会方面高度发展,与 barbarous(野蛮的)是相对的;也可以表示"有修养的"(refined)和"行为举止得体"(well-behaved)

的意思。在此例中,如果像译文1那样将文明译作 civilized 就会有自我贬低之嫌。此处主要表示的意思是"行为举止得体",因此译作 well-behaved 比较恰当。

二、文化缺位

在两个不同的国家和民族的传统和现实中,对于事物、制度和观念的语言表述可能存在相同、相近的现象,也可能存在部分相同、相近的情况,还有可能存在完全不同的情况。例如,汉语中有将票券等物资进行加价倒卖的"票贩子",也称"黄牛"或者"黄牛党",在英语中也有 scalper(someone who buys something and resells it at a price far above the initial cost,倒卖门票者)。因此,汉语中的"票贩子""黄牛"或"黄牛党"与英语中的 scalper 具有对等的含义。但是,在两种文化中,差别之处往往多于等同之处。

文化缺位是指不同的国家与民族间的传统和现实领域中所存在事物、制度与观念上的语言表达对应或缺位现象。文化的缺位是指在一种文化中存在的文化实物和规制习俗等文化概念在另一种文化中缺乏相对应的实物或者语言表达。任何民族都存在一些其他民族所没有的文化概念,比如,汉语中的"抓周""春耕""修行",英语中的 balm(治疗伤痛的油状药膏;油膏)、deep-six(抛弃;深藏)、morning call(晨叫服务)。

由于地理环境的区域性差异,以及社会制度和规范的不同,民族间的生活习俗也各有特色,文化缺位的现象是必然存在的。文化缺位主要是由不同民族在政治制度、经济发展、历史变迁、物质环境、风俗传统和思想意识等方面所存在的独特性造成的。文化缺位有完全缺位与部分缺位两种形式。

1. 完全缺位

完全缺位是指在一种民族文化中所表述的语言文化现象在另一种文化中完全缺乏对应的现象。

例如,英语中 play the game(讲信义,遵守规则)在汉语中就完全缺乏对应的表达。play the game 源于商业文化的契约制度,在西方社会里,人们广泛遵守契约制度,只要参与到游戏中就必须遵守相关的游戏规则。笔者于2008年到英国曼彻斯特访学,其间去了一家赌场,看见一位当地的年轻人在赌局中输掉了5英镑的筹码,可是操作员以为他赢了赌局,反而赔了他5英镑,一共给了他10英镑的筹码。这个年轻人坚持不肯收,嘴里一直在说 no。

双方僵持了好一会儿,最后操作员找来管理者,在咨询了包括我在内的旁观者之后,确认年轻人确实在赌局中输了,操作员这才收回押上的筹码和赔付的筹码,这件事在感谢声中收场。

再如,eat no fish(诚实可靠的人)源于受海洋文化影响的新教教徒在斋戒日不能吃鱼的教规规定,在汉语中也处于完全缺位状态。类似的还有很多,如 cheese(芝士)、salad(沙拉)等食物,Victoria girl(思想保守的女性)、Utopia(理想社会)等对社会现象的描述。

中国文化博大精深,汉语中的很多表达在英语中处于缺位状态。物质产品如"肚兜"(apron-like underwear)、"皮影"(shadow puppets),社会产品如"败家子"(spendthrift)、"狐狸精"(seductive woman),还有与中国饮食文化相关的衍生词如"吃闲饭"(lead an idle life)、"吃香"(be favored; be in power)、"吃不消"(cannot stand; too much)等。

在中国文化中,有用汉字的笔画构成来表示人的年龄的做法和语言表达,这是绝无仅有的。"伞"字结构看似"八十",用以表示 80 岁,称"伞寿";"米"字结构看似"八十八",用以表示 88 岁,称"米寿";"白"与"百"相差"一",用以表示 99 岁,称"白寿";"茶"字结构看似"廿八十八",用以表示 108 岁,称"茶寿"。在文化处于完全缺位的状态下,译者只有准确清楚地理解其内涵,并将其意思翻译出来,如将"米寿"译成 birthday of eighty-eight years old,才能准确传达中国文化的内涵。

2. 部分缺位

部分缺位是指在一种民族文化中所表述的语言文化现象在另一种文化中有部分含义相同,但因理念、认知等而存在一定褒贬差异、引申差异和类比差异等现象。例如,英语中的 beefcake 和 cheesecake 并非仅仅表示其字面意思"牛肉饼"和"奶酪饼",还有俚语表达的俗义。在英语俚语中,beefcake 可以表示有吸引力的,通常衣着暴露、肌肉发达的男性形象;与之相对的是 cheesecake,指性感迷人、衣着暴露的女性形象。

汉语中也有这种情况。例如词语"山河",一般指山岭和河流,和英语的 mountains and rivers 相当;但是,"山河"还可以引申为国家统治下由山川与河流构成的疆土,相当于英语中的 country。杜甫《春望》中的诗句"国破山河在,城春草木深"的意思就是虽然国都被攻破,但国家(政体)依然存在,城里的小草和树木都依然在春天时节里生长,而且都长高了。可见,此诗句中的"山河"指国家，表达为 mountains and rivers 就不妥了，应该译为 country 或者 state。全句可译为：Though the capital was captured in riot the state kept run, / The grass and trees in town still grew higher in spring sun.

### 三、文化错位

文化错位是指在两种文化中，由于思维方式、制度习俗、价值评判标准等方面的差异而导致文化含义和语言表达方式存在差异甚至背离的现象。例如，我们常说的"绿水青山"，对应的英语应该是 green water and blue mountain，但实际应该表达为 green mountain and blue water，这就是文化错位的表现。为什么会出现这种现象呢？

中国受大陆文化影响，人们常见的水是淡水，那些大而深的江河湖泊的水一般都呈浅蓝色（接近绿色），所以叫绿水，而大山因绿色的植被在远观时颜色较深，呈深蓝色（接近藏青色），所以叫青山。"绿"和"青"也有浓淡之分。而西方深受海洋文化的影响，人们常用 green 来表示植物的颜色，用 blue 来表示苦咸的海水，常用 light blue（浅蓝）和 dark blue（深蓝）来形容海洋中海水的深浅。

给翻译造成障碍的常见文化错位有指称错位和类比错位两种形式。

#### 1. 指称错位

指称错位是指在两种不同的语言中，事物的所指与能指存在明显偏差的现象。例如，英式英语表达与美式英语表达存在错位性差异，汉语中表示楼房层级的"一楼"，在英式英语表达中译作 the ground floor，在美式英语表达中译作 the first floor。

指称错位有语内指称错位和语际指称错位两种不同的形式。

#### 1.1 语内指称错位

语内指称错位是指在同一种语言内，由于文化的发展更革而造成的古今含义上的错位性差异。例如汉语俗语"天要下雨，娘要嫁人"中的"娘"，从现代汉语来看，"娘"是"母亲""妈妈"的意思，但是在中国古代"娘"指"女儿"，受汉语影响的日语中的"娘"指"女儿"就是见证。"天要下雨，娘要嫁人"表示女儿（长大后）要嫁人和天要下雨一样，都是谁也阻挡不了的事。这句成语的正确英语表达是 no one can stop it happening that it rains and the daughters get married when they have grown up.

在英语中也存在类似的情况,如英语单词 queen 既可以表示 a female sovereign ruler(女王)、the wife or widow of a king(王后),还可以在俚语中表示 a lesbian(女同性恋者)。

在遇到语内错位的情形时,译者应该根据不同的语境来进行分析判断,推导出正确的词义,采用恰当的译语表达方式,避免误译。

### 1.2 语际指称错位

在英汉语言中,部分词语所表示的含义相同,而表达的形式却存在明显的差异。例如,汉语中的"乱七八糟"和英语中的 at sixes and sevens 表达相同的意思,但英汉语言所运用的数字明显不同。类似的还有汉语成语"半斤八两",而含义相同的英语表达是 six of one and half-a-dozen of the other。在中国文化中,质量计量单位"斤"采用十六进制,即 16 两为 1 斤,半斤就是 8 两,所以有用"半斤八两"来表示"一模一样"的意思。而在英语中,dozen 源于十二进制计数,a dozen 表示 12,12 的一半就是 6。因此,英语用 six of one and half-a-dozen of the other 来表示"一模一样"的意思。

再例如,在中国,人们说商品"打八折"销售,实质上是说按标价的 80% 销售,而在英语中相同的意思则往往表达为(by) twenty percent off(去除标价的 20% 销售),或者(by) twenty percent discount(按标价的 20% 折扣销售)。如果简单按字面意思译成(by) eighty percent off 或者(by) eighty percent discount,就与原文的意思不一样了。

### 2. 类比错位

类比错位是指在两种语言中因文化差异而导致借物喻义的方式出现错位的现象。类比错位主要表现在类比物错位和类比含义错位等方面。

由于东西方在地理环境和人文环境上存在显著差异,人们表达相同含义时借用的类比物不同。西方文化中的类比物往往与游牧文化和海洋文化中常见的事物及其审美艺术相关,而中国文化则通常与大陆文化和农耕文化中常见的事物及其审美艺术相关。例如,英语中用 as dumb as an oyster 来表示"保守秘密"的意思,而汉语中常说"守口如瓶";英语中用 as white as a ghost 来表示人身体或者情绪不好时"脸色煞白",而汉语中常说"白得像张纸"。

例 10：

【原文】He has no ear for music. It's casting pearls before swine to take him to the concert.

【译文】他不懂音乐，带他去听音乐会，犹如对牛弹琴。

英语中用 has no ear for music（直译为"没有耳朵听音乐"）来表示不懂音乐，用 casting pearls before swine（直译为"向猪扔珍珠"）来表示向不识货的人送贵重的货物，与汉语的"对牛弹琴"意思相当。

例 11：

【原文】The staff member folded like an accordion.
【译文 1】这个工作人员就像合拢起来的手风琴——不出声了。
【译文 2】这个员工就像死猫一样——不吭声了。

英语中用 fold like an accordion（像手风琴一样折起来）表示"沉默不语"的意思，而在汉语中，我们常常用"像死猫一样"来表示。

综上所述，在英汉翻译中，我们常常会遇到各种各样的文化阻滞，包括假性等值、文化缺位和错位现象，译者只有深入了解其中的内涵和差异，才能有意识地化解矛盾，找到合理恰当的表达方式，在传递正确含义的基础上，便于读者理解。

## 第四节　文化翻译的零阐释直译之忧

所谓零阐释是指没有进行任何阐释，只是关注语音或者字面意思而进行简单的直译转换。直译，也称为直接翻译或逐字翻译，是通过逐个单词的翻译来完成文本翻译的方法，译者并未考虑这些单词用在短语或句子中的目的和意图。直译是为了保持原文形态、读音或者字面意思等形式和特点的翻译方法，包括音译和形式对等的简单意译。直译往往只关注字词的原意或者本义，而忽略字词在具体语境中的引申含义。

直译有三个明显的优点：一是简便易行，懂一点外语的都可以操作；二是不需要去深入理解原文的深层含义；三是可以推脱翻译失误引发的责任。

由此可见,直译是翻译行为中最为省心省力的操作方式。

19世纪末到20世纪初,积贫积弱的中国饱受西方列强的侵略和欺凌,为了寻求救国之道,在"师夷长技以制夷"理念的推动下,出东洋(日本)、走西陆(欧洲)成为时尚,中国学者开始和外国人打交道,学习西方的思想和科学技术。在翻译引进过程中,很多人都采用直译的方式来处理。

一、零阐释直译的类型

零阐释直译主要有两种方式,即译音和译义。

1. 译音

译音主要是通过对源语的读音复制和转述,即用目的语中读音相同或者相近的字(词)来表示源语的读音。译音是直译的主要方式之一。清朝出任首位英国公使郭嵩焘对其新接触到的英国的人与事都采用音译。在日记中,他将英国经济学家亚当·斯密(Adam Smith)这一人名译为"阿达姆·斯密斯",将其著作 The Wealth of Nations(《国富论》)译为《威罗士疴弗呢顺士》;他将所接触到的一些新的学科如 electricity(电学)译作"饵勒客得利西地",将 mathematics(数学)译作"马体麻地客斯",将 chemistry(化学)译作"铿密斯得里",将 botany(植物学)译作"波丹尼",等等。

五四运动时期,音译成为引进西方"社会语"的主要方法,如将 proletariat(无产阶级)译作"普罗列塔利亚特",将 bourgeoisie(中产阶级)译作"小布尔乔亚汛",将 ideology(意识形态)译作"意德沃罗基"等。还有我们所熟悉的《红楼梦》中的"淡巴菰"源自英文 tobacco(烟草),夏衍《包身工》中的"水门汀"源自英文 cement(水泥),等等。

明清以来,广东广州、福建泉州等城市的港口作为中国对外贸易的前沿,接触到的外国人比较多,又比邻鸦片战争后由英国统治的香港,英语中的很多事物名词通过音译进入了粤语,如"巴士"(bus)、"的士"(taxi)、"朱古力"(chocolate)、"三文(明)治"(sandwich)、"派对"(party)、"咖啡"(coffee)、"皮亚诺"(piano)、"幽默"(humor)、"梵婀玲"(violin)、"阿蛇"(Sir,先生,对警察和老师的称呼)、"菲林"(film,胶卷;电影胶片)、"台风"(typhoon),等等。

在这期间,也有少数汉语的餐饮食物名词采用音译进入了英语中,如粤语中的"点心"被译作 dim sum,"金橘"被译作 kumquat,"芦橘"被译作 loquat,"馄饨"被译作 wonton,"白菜"被译作 bok choy,等等。

汉译英的实践中也有很多成功的例子，例如 *fuwa*（福娃）、yangko（秧歌）、taikongnaut（中国宇航员）等，但相对来说，汉语音译词沉淀在英语中的很少。

引进性音译对我们日常生活中的语言应用产生了一定的影响。例如，伊甸园（the Garden of Eden）、比萨（pizza）、嘉年华（carnival）、蕾丝（lace）、萝莉（lolita）等表达并不少见，这些西方英语文化词已不知不觉地融入了我们的语言和生活中。它们都是通过音译和直译的方式翻译引进的，像这样的词汉语词汇中还有很多，而且影响比较深远。

2. 译义

译义是指用目的语中意思相同的表达来转述源语的意思，即摆脱源语的字面束缚，用译文来表达其内涵意义的翻译方法，有利于读者对意思表达的理解。例如，将 smashing a mirror is no way to make an ugly person beautiful, nor is it a way to make social problems evaporate 意译作"生气解决不了问题"就简洁明了，与直译"砸镜子不能让丑变美，也不能使社会问题消失"相比，意译直奔主题，不拖泥带水，且深入内涵。

直译方式中的译义主要是指追求字面意思对等的翻译。例如，将 God 译作"上帝"。翻译时，根据事物的用途、功能等特点进行判断，如果在原文和译文中有对应的事物，进行对等表达即可，如英语中的 bird 对应汉语中的"鸟"，house 对应汉语中的"（人居住的）房屋"。但是，在对应缺位的情况下，往往根据译者的理解来表达，如将汉语中吃饭用的"筷子"译作 chopsticks（削出来的棍子），将英语中吃饭用的 fork and knife 译作"刀叉"等。

在英汉语言中，由于自然环境和社会环境的差异，有很多含义相同而表达形式不同的习语、类比句式等，如果依照字面意义进行刻板意译，会产生严重的偏误，影响意思的表达和读者的理解。例如，英语中 floor show 并非"地板表演"，其真实含义是"在夜总会进行的一系列娱乐活动"，例如唱歌、跳舞和喜剧表演，我们可以将其表达为"夜总会歌舞表演"或者"夜总会表演"。

在翻译时，很多人都喜欢采用直译的方式，但往往会误导读者。例如，将英语中的服装名词 cat suit（紧身运动服）译作"猫服"，导致很多读者不知其为何物。实际上，cat suit 指一种紧身的弹性材料服装，覆盖从肩膀到大腿的身体部位（有的是长袖或一直延伸到脚踝的长裤），通常是芭蕾舞演员和杂技演员穿着的用于练习或表演的服饰，如图 5-1 所示。

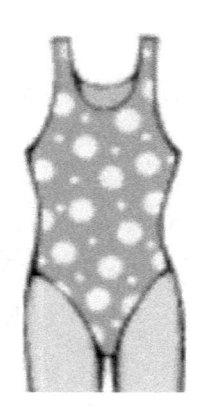

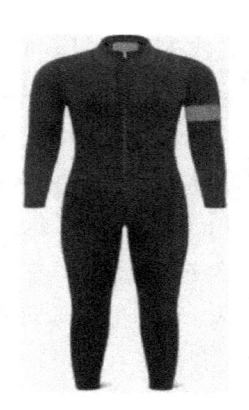

图 5-1 cat suit 的两种类型

## 二、文化零阐释直译之忧

翻译的目的是让译文读者理解原文所要表达的事物、概念、规制和理念等等，需要译者熟悉双语的表达方法，通过准确的内涵理解、合理的翻译原则、恰当的表达方式等来进行语言转换，而不能靠简单而生硬的直译。例如，"安全门"的字面意思是 safety door，但其对应的英语是 emergency exit；"教练车"的字面意思是 coach vehicle，但其对应的是英语 training car 或者 instruction car。

直译作为一种简便易行的翻译方法，让很多并不了解翻译的人也可以做翻译，成为很多译者推崇的方法。很多人在翻译时，往往过分依赖于字面意思，没有深入地去了解字面背后的内涵意义，因而造成语义走错走偏的现象。

### 1. 忧意思不明

作为翻译的常用技巧，直译被译者习惯性地广泛应用于文化翻译之中，且很多人美其名曰"保持原作文化特色"。翻译往往需要译者的理解过滤，帮助译文读者完成查证理解的过程，用译语读者熟悉的表达来转述原文的意思。

简单刻板的直译常常会导致意思不明，令人费解。例如，在中国，有做法丰富多彩且具有审美韵味的中国菜，但是菜名的简单直译常常让人哭笑不得，例如，将"四喜丸子"翻译成 four glad meatballs（四个高兴的肉团），将"麻婆豆腐"译成 bean curd made by a pockmarked woman（满脸痘疮的女人制作的豆腐），将"童子鸡"译作 chicken without sexual life（还没有性生活的鸡)。

再例如,English disease 是指情绪低落的状态,特别是抑郁症,而非其字面意思"英国病"。此表达源于史奇贝(Joseph Skibell)的小说《英国病》(*The English Disease*)。该小说描述了二战结束之后的二三十年中,英国处于经济低迷停滞的状态,且在世界上的地位有所下降,于是在英国的精英阶层(包括政客、学者、记者和作家等)中出现一种沮丧的情绪状态,即轻视自己的国家,羡慕别的国家,贬低本国的成就,盛赞别国的成就,嘲弄本国的制度,夸赞别国的制度,从而形成一种悲观的情绪,并在社会上蔓延扩散,被称为 English disease。

同样的事物,在不同语言中的表达方式不尽相同。以体育器材"双杠"为例,在汉语中表达为"双杠",侧重于表达数量,而英语中表达为 parallel bar,侧重于表达形态。如果简单地按照英语 parallel bar 的字面意思译成汉语就是"平行杠",而按照汉语"双杠"的字面意思译成英语就是 double bars。恐怕汉语读者看到"平行杠"时会不知这是何物,英语读者看到 double bars 后也会一头雾水。

类似的还有英语口语中的惯用表达 I have to hand it to you,这也不能简单地从字面去理解,译成"我不得不把它递给你"。英语中,这一表达意为因为某人的技能、成就或者决定而认可、羡慕、佩服他,相当于汉语中"不得不佩服某人"的意思。

2. 忧含义偏误

曾凭借英译汉语小说《水浒传》而获得诺贝尔文学奖的美国学者赛珍珠在翻译时为了保留"原味"——正如她在译作序言中提到为了"让读者感觉在读原文"——大量采用直译的方法。① 例如:

例 12:

【译文1】<u>三回五次</u>,留得宋江,就山寨里吃了一日酒。

【译文2】<u>Three times and five times</u>, they did try to stay Sung Chiang and so he feasted for a day in the lair.

---

① Buck. P. S. *All Men Are Brothers*. New York: The John Day Company, 1933.

此处的"三回五次"是汉语成语"三番五次"的口语体,其所表示的并非具体的次数,而是"反复多次"的意思,相当于英语中的 again and again。如果按照具体的次数来翻译会导致意思上的偏误,让读者感觉中国挽留人有具体次数要求。

例 13:
【原文】那大王已有<u>七八分醉</u>了,呵呵大笑。
【译文】Now the robber chief was already <u>seven or eight parts drunken</u>, and he gave a great ho-ho laughter.

这里译者将"七八分醉"直译成 seven or eight parts drunken,会让读者不太理解醉酒的程度。汉语中的"七八分醉"相当于英语中的 almost drunk,即似醉非醉的状态。

类似的还有很多,赛珍珠把"如今江湖歹人多"译为 in the set time there are men—evil men by river and lake,将"江湖"直译成 river and lake,将"歹人"译作 evil men。在汉语文化中,"江湖"是一个引申词,表示存在一定风险的社会环境,与英语中的(in) earthly world 相当;"歹人"多指"强盗",与英语中的 robber 相当。这些直译明显没有达到保留"原味"的效果,反而误译了中国文化。

再如,美国耶鲁大学教授史景迁(Jonathan D. Spence)在其专著《前朝梦忆:张岱的浮华与苍凉》(*Return to Dragon Mountain*:*Memories of a Late Ming Man*)中将"仕女"译作 young men and women(年轻男女)明显不妥。仕女,也作"士女",既可以指皇宫里的侍女或宫女(maid of the royal court),也可以指作为绘画题材的美丽聪慧的女子(painted beauty),还可以指古时那些出身于贵族名门家庭的女人(noble woman)。

3. 忧歧义产生

简单刻板的直译不仅会使得表达的意思不明晰,有时还会引起歧义甚至误解,导致不良的后果或者影响。

白宫外部顾问白邦瑞(Michael Pillsbury)在其著述的《百年马拉松》(*The Hundred-Year Marathon*)一书里写道,中文语言之复杂仿佛密码。他举例称,将"韬光养晦"译为"等待时机,打造力量"的译法掩盖了其言外之意。他认为,我们不仅要知道语言的字面意思,还要知晓上下文,找出更深的言外之意。但整整半个多世纪,美国人没能做到。令人担忧的是,美国缺少会讲汉语的中国专家。

白邦瑞的担心源于"韬光养晦"一词的英译表达。20 世纪 80 年代,邓小平同志根据当时的国际国内形势,提出了"韬光养晦"的战略策略方针,强调面对风云变幻的国际形势,我们要冷静观察,沉着应对,低调行事,趋利避害。可是,多年来,许多中外译者将其译为 hide one's ability and pretend to be weak(隐藏能力,假装弱小)、conceal one's true intention(隐藏真实意图)、conceal one's abilities and bide one's time(隐藏能力,等待时机)等。外事部门感觉到这种翻译的不利影响,通知出版社和译者改用 keep a low profile,但影响难以挽回,因为其已经存在于西方人的思想意识之中了。如果将"韬光养晦"译成 we should focus on our own affairs,we should concentrate on our economic development,或者 we should devote to our own affairs 等就不会引发外界的疑虑。

4. 忧情感含混

语言的表述有主客观态度的体现、主动与被动的差异等。在跨文化语言转换过程中,简单的直译往往会给人一种生硬的印象,甚至留下不友好的感觉。例如,在现实生活中,我们经常会说"我忘了",简单的直译是 I forget 或者 I forgot,但这种翻译表达存有主观的成分,或者找借口之嫌,往往会给对方留下不好的印象。英语中还有很多让人听起来比较舒适且容易接受的客观委婉的表达,如:

(1) I can't think of your name right now.(我一下子想不起你的名字了。)

(2) I'm terrible with names.(我总是记不住名字。)

(3) Sorry, your name totally slipped my mind.(对不起,我竟然完全想不起你的名字。)

(4) I have short memories for names.(我记性不好,总是记不住名字。)

(5) He has a long memory for faces, but has short memory for names.(他总能记住人的长相,但总记不住名字。)

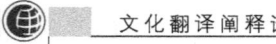

在语言表述中,对词语的文化内涵要有明确的认知,很多词语的选择包含深厚的情感内涵。例如,在表达"农民"时,可以有 farmer 和 peasant 两个单词供选择,farmer 主要表现了一个职业身份,是一个中性词,而 peasant 则有"缺乏修养的农业劳工"这一含义,具有贬义的性质。在翻译时,译者要了解语言表述背后的情感文化含义,选择恰当的表述,传递出等值的情感内涵。

例 14:

【原文】病菌是<u>无孔不入</u>的,平日须多注意饮食卫生。

【译文】Germs are <u>all-pervasive</u>, so pay more attention to your dietetic hygiene habit.

例 15:

【原文】况且上海办捐的人,钻头觅缝,<u>无孔不入</u>,设或耽搁下来,被人家弄了去,岂不是悔之不及。

【译文】Besides, those tax collectors in Shanghai always <u>seized every chance</u> for the tax collecting. They would feel very sorry if they delayed to miss the chance to benefit others.

例 16:

【原文】西方国家<u>无孔不入</u>地挑动中东的局势。

【译文】Western countries are <u>taking advantage of every weakness</u> to confuse the situation in the Middle East.

"无孔不入"比喻消极的东西易于渗透、侵入,也指人善于钻空子,有机会就想获取某种利益。"无孔不入"的英语表达有多种形式,如 to take advantage of every weakness(利用对方的弱点)、seize every chance for personal gain(利用任何机会为己获利)、seize every opportunity to do evils(利用任何机会作恶)等,每种表达所包含的情感有所差别,翻译时可根据具体情况选择使用。

在以上几个译例中,病菌的"无孔不入"是指病菌"普遍存在"这一现实,是一个中性的情感表达,故而用 all-pervasive;对于收税的人来说,要抓住每个机会,用 seize every chance;而对于西方国家利用地区弱点来搅动局势的做法,则选用 taking advantage of every weakness。

综上所述,翻译时,译者应该透过原文的字面意思,深入了解其内涵,而后在不致误解误读的情况下,选择恰当的翻译表达方式。

# 第六章
# 文化翻译的阐释原则

翻译总是带来由译者的身份认同问题所引发的"尴尬"局面：一是翻译总有一种无所适从的内隐性感觉，即译者应该适应作者还是应该适应读者，对外域文化是顺从还是抵制？二是翻译是一种进退两难的外显性选择，即是选择形式还是选择内容，对本族文化是维护还是适应，是忠实还是背叛？无论从事翻译理论研究还是从事翻译实践，这些都是译者需要思考的问题。

奈达与泰伯(Charles R. Taber)对"文化翻译"进行了阐述："文化翻译与语言翻译相对，是通过改变信息内容以便在某种程度上顺应、接受文化的翻译，并且/或者是原作语言并不包含的信息得到引介的翻译。"[1]刘宓庆认为，"文化翻译的任务不是翻译文化，而是翻译容载或含蕴着文化信息的意义"[2]。杨仕章认为，"文化翻译是综合文化学、跨文化交际学和文化语言学来研究翻译活动的一种角度"[3]。斯特奇(Kate Sturge)认为，文化翻译会引发如何处理文本的文化差异问题，要么更多地倾向于归化(naturalization)，抑或更多地倾向于异化(exoticization)。其关注的是语言集团之间进行思想交流的组成部分是如何出现的，会产生什么影响。[4]

作为译者，在进行文化翻译的时候，总会选择一种思想倾向，把握宏观

---

① Nida, E. & Taber, C. R. *The Theory and Practice of Translation*. New York: Brill Academic Publishers, 2004: 201.
② 刘宓庆. 文化翻译论纲. 武汉：湖北教育出版社，1999：79.
③ 杨仕章. 文化翻译论略. 北京：军事谊文出版社，2003：3.
④ Sturge, K. Culture translation. In Baker, M. & Saldanha, G. (eds.). *Routledge Encyclopedia of Translation Studies*. 2nd ed. New York: Routledge, 2009: 67.

的方向性原则,在思考为何而译的问题基础上,再去确定使用何种方式和技巧来表达相应的文化内涵信息。

## 第一节　文化翻译的归化与异化之选

归化和异化的翻译方法是由美国翻译理论学家韦努蒂(Lawrence Venuti)于1995年在《译者的隐身———部翻译史》(*The Translator's Invisibility—A History of Translation*)中提出来的。他认为,归化是源文本与目的语文化达到密切一致的翻译策略,这可能会导致源文本的信息部分丢失;异化是保留源文本信息的策略,包括为了保留其含义而故意打破目的语的表达习惯。①

### 一、异化与归化翻译的概念

人们采用归化和异化翻译策略的初衷是抵制外来文化的入侵。异化是让读者看不懂源语文化的意思而使之失去对源语文化的兴趣,而归化是用译语文化来替代源语文化而让读者感觉不到源语文化的存在,从而达到抵制外来文化的目的。

1. 异化翻译

异化指采用包括音译或者直译的方式来翻译处理源语文化,目的是让译文读者充分感觉源语文化的原味和魅力,因为采用直译,往往会呈现晦涩难懂的特点,因而也可以达到抵制外来文化的目的。异化翻译是指以源语文化为导向的翻译方法,即在翻译过程中采用保留源语的表达方式来进行翻译,将源语文化直接转移到目的语中,尽可能地保留源语的文化风味。

异化翻译主要有两种形式。一是保留原文的文字形态,特别是缩合词,如 ICU(intensive care unit,重症监护室)、AED(automated external defibrillator,自动体外除颤器)。这种形式在翻译界的应用比较普遍,特别是在外译汉的引进翻译中最为常见。二是直接进行音译处理。在外译汉的引进翻译中,对新生事物名词采用音译的也很常见。音译有时会让读者不知所云。在改

---

① Venuti, L. *The Translator's Invisibility—A History of Translation*. London: Routledge, 1995.

革开放之初,大量外国商品被引进中国,商品译名大多采用音译。笔者曾被当时的"镭射电影"忽悠了,因为在笔者的记忆认知里,居里夫人发现了镭,因此认为"镭射电影"肯定是与"镭"有关的高科技。为此,笔者在电影院里偷偷围着投射出声音与图像的黑盒子转了几圈,还是没有弄明白镭射电影的工作原理。后来在看书时才了解到"镭射电影"音译于 laser film/video(激光投射电影/视频)。

当代的年轻人也喜欢用一些时髦的翻译表达。若干年前,笔者和女儿在微博上进行争论,她说我是"奥特曼"。她在小的时候热衷于看动画片《奥特曼》,我对其中的动漫人物奥特曼是有点了解的,还以为她在夸赞我呢,就问她我哪点像奥特曼。她用不屑的表情回答我说:"难道不是吗?你已经落伍了,跟不上时代了。"我就问,这与奥特曼有关系吗?她说:"'奥特曼'就是'落伍的人'。"原来她口中的"奥特曼"是英语单词 out man 的音译表达。

在汉译外中,对特色文化词的音译式异化处理也比较普遍,例如 *yamen*(衙门)、*fengshui*(风水)、*tuhao*(土豪)等。

2. 归化翻译

归化是通过替代、改写等方式将源语文化进行本土化操作,目的是让译文读者更容易读懂源语文化的内涵信息,增强译文的可读性和通俗性,因为替代、改写等方式基本上掩盖了源语文化的存在感,因而也可以达到抵制外来文化的目的。归化翻译是指以目的语文化为导向的翻译方法,即在翻译过程中用目的语读者熟悉的文化表达方式来处理源语中让译文读者感到异常的表达,以便于译文读者的理解。

在清末民初时期,饱受侵略和欺凌的国人在洋务运动的推动下,为了实现强国兴邦的愿望,大量译介引进西方文学、科学著作。虽然很多人热衷于直译、音译,但以林纾为代表的很多学者采用归化翻译策略来译介西方文献,目的是使译入作品的语言通俗易懂,且不冲击和影响中国文化。例如,将英语单词 science 音译为大意相同的"格致","格致"是"格物致知"的简称,是中国古代认识论的一个概念,指穷究事物的道理而求得知识。后来梁启超等人效仿日本将 science 译为"科学"并沿用至今。

## 二、异化与归化的优势与劣势

异化与归化作为文化翻译的处理原则,各有优势和劣势。

1. 异化翻译的优势

清末以来,随着科技的发展,西方国家变得先进发达,引得很多人羡慕,因而在引进翻译中译者大量采用异化的方式,一是简易,方便操作,二是为了迎合人们崇洋的心态,凸显"洋味"。

1.1 操作简便

异化翻译往往要求译者根据字面意思进行音译或者意译,不需要了解原文的具体文化内涵,可谓省心省力,操作简便。例如,将英语 Mercury 译成汉语,如果采用异化译法的话,可以在不了解 Mercury 的具体含义的基础上采用音译,译作"墨丘利";如果了解 Mercury 是罗马神话中的诸神之一,可以采用音译加意译的方式,译作"墨丘利神"。但如果了解 Mercury 是罗马神话中的"风神",充当信使的角色,则可以意译为"信使之神"。由于其到处游走,后被引申为"旅商之神",也由于"风神"的行为轻飘,难以引人注意,而被引申为"盗窃之神"。

汉译英时,很多译者也简单采用这种异化的翻译策略,且往往冠以文化传播与推广的名头,说是让译文读者欣赏和品味汉语文化的原味。例如,将汉语中的"子午线"(meridian)表达为 *zi-wu* Line;将"出家"(to be a monk or nun)表达为 to leave home;将戏剧中的"生"(leading actor)和"旦"(leading actress)表达为 *sheng* 和 *dan*;等等。这样的异化音译处理汉语文化词,会让译文读者不知所云,更达不到文化欣赏、推广与传播的目的。

1.2 凸显"洋味"

在进行翻译,特别是文学翻译时,有时为了环境的烘托和气氛的调节,译者常常选择具有"洋味"的异化处理策略,将某些鲜见的事物名称用音译的方式来表达,以凸显其"洋味"。例如,晚清时期,人们将从西方引进的、在当时甚为罕见的 tobacco(烟草)表达为"淡巴菰",《红楼梦》中就有类似的表达;晚清李伯元所著《南亭笔记》中也有记载:"北京达官嗜淡巴菰者十而八九,乾隆嗜此尤酷,至于寝馈不离。"[1]夏衍在《包身工》中也将 cement(水泥)表达为"水门汀",将 Number One(工头)表达为"拿摩温"。如此等等,都是为了体现时尚,突出"洋味",烘托氛围。

---

[1] 李伯元. 南亭笔记. 太原:山西古籍出版社,1999:107.

### 1.2.1 人名、地名适合异化翻译

人名、地名往往与一个国家和民族的文化密切相关,能够彰显民族文化的特色,因此在翻译时采用异化原则比较合适。

人们在给地域、物品命名时常引用神话传说、历史典故以凸显审美特征和事物特性。以地名为例,中国有双龙洞、曹宅、南山、西湖、张庄等;英国的很多地名用-chester、-caster、-cester 等后缀构成,而这些后缀通常是指军营或者要塞,如"曼彻斯特"的英文 Manchester 就意为 Roman castra(罗马兵营)。虽然在人名和地名的命名过程中都有一定寓意和审美的灌注,但都改变不了其独特的指称功能作用与鲜明的民族和地域特色。

在国外,人名、地名一律采用音译,以达到和体现这些名称的指称功能作用。例如,将英国地名 Woolfardisworthy 译作"伍尔法迪斯沃西",Quernmore 译作"库恩摩尔";将中国地名译成英语时一般也采用音译,如将"九寨沟"译作 Jiuzhaigou。

在现实生活中,也有很多意译地名的现象,如将"西湖"译作 West Lake,将"扬州瘦西湖"译作 Slender West Lake in Yangzhou 等。但是,意译地名忽视了地名的独特指称功能,往往很难达到预期的效果,甚至可能误导读者。例如,若将浙江金华的"双龙洞"意译为 Double Dragon Cave,可能让译文读者误以为这是一个"有两条龙的洞",而译作 Shuang-long Cavern 似乎更加直观。

### 1.2.2 商标适合异化翻译

商标是用以识别和区分商品或者服务的文字或者文字与图案组合的标志。在商品外销推广的过程中,音译或者意译商标是基本的原则,有利于保留商品民族特点和风格,让译文读者一看商标就知道其源自何处。意译与音译结合的方法在体现民族特点和风格方面就略逊一筹。

世界上很多著名的商标都是采用异化音译来进行处理的,如美国的可口可乐(Coca-Cola)、迪士尼(Disney),日本的索尼(Sony),德国的梅赛德斯-奔驰(Mercedes-Benz),中国的 Chery(奇瑞)、Huawei(华为)、Shinco(新科)等。

### 2. 异化翻译的劣势

在人名、地名和商标翻译中,异化翻译在展现民族风格和特点方面具有明显的优势,但在很多情况下,由于读者对异域文化认知的不足,异化翻译常常会给读者带来理解上的困难,有时还可能导致理解的偏误。

例1：

【原文】I got a cold call from a recruiting firm asking if I'd be interested in the CFO role at Vancouver.

【译文1】我接到了一家招聘公司打来的冷电话，询问我是否对温哥华的CFO的职位感兴趣。

【译文2】我接到了一家招聘公司的推销电话，询问我是否对温哥华的首席财务官的职位感兴趣。

英语中的cold call是指在没有事先接触或者事先引导的情况下给潜在客户所打的商业推销电话；CFO是chief financial officer（首席财务官）的缩略形式。译文1这样的异化操作会让译文读者对"冷电话"和CFO的理解造成一定的困难。译文2就通俗易懂许多。

例2：

【原文】They use email, conference calls and chat rooms to discuss business.

【译文1】他们使用伊妹儿、会议扩和茄特室来讨论业务。

【译文2】他们使用电子邮件、电话会议和聊天室来讨论业务。

译文1中采用异化处理方式，将email、call和chat都用音译来处理，读者在不熟悉英语的情况下，很难理解其内在意思。对比之下，用归化处理方式来翻译的译文2就易懂多了。

3. 归化翻译的优势

归化翻译是采用译文读者熟悉的方法来进行表达的翻译模式，便于读者理解异域文化内涵，也不会造成理解上的偏误。例如，对于汉语俗语"一粒老鼠屎坏了一锅粥"，如果采用异化翻译策略，即为了保留原文的表达方式而采用直译，则表达为a mouse poop ruins a pot of porridge，英语读者缺乏相关认知，所以理解起来存在一定的困难。如果要迎合译文读者的认知，使译文表达通俗易懂，就得采用归化翻译策略，表达为one rotten apple spoils the whole bunch（一个烂苹果毁了整堆苹果）。

## 3.1 准确表意

翻译的目的是让读者读懂不熟悉的语言所传递出来的信息,归化翻译主要瞄准读者的认知,便于读者对源结文化的理解,这就需要译者进行必要的语言和文化过滤,用符合读者认知和译文读者熟悉的表达方式来转述相关信息,让读者能读、能解,不致偏误。例如:

例3:
【原文】The conversation was on wings.
【译文】谈话变得轻松起来了。

例4:
【原文】He is an all-purpose basket.
【译文】他是一个多面手。

例5:
【原文】Beating a dead horse.
【译文1】做无用功。
【译文2】白费力气。
【译文3】徒劳无益。

例6:
【原文】白忙活了。
【译文】The answer is zero.

例7:
【原文】酒后吐真言。
【译文】In wine there is truth.

例8:
【原文】真是太危险了。
【译文】That was a close call.

## 3.2 易于理解

归化翻译让译文读者易于理解源语信息。以习语翻译为例，习语是表意完整、结构固定、诙谐幽默、生动形象的习惯性语言表达，通常包括成语、谚语、俗语、歇后语和俚语行话等。习语表达有层次的高低与情感的好恶之分，有高雅的格言谚语、低俗的俚语行话，也有褒扬的情感显示、中性的情感表达、贬斥的情感宣泄。例如，英语俗语 boys will be boys 的意思是"男孩终归是男孩，这是改变不了的事实"，后来，人们借用该俗语来表示"难以改变的事实"，相当于汉语中的"本性难移"。表示相同意思的俗语还有 the leopard cannot change its spots、crow is never the whiter for washing herself often 等。相同的意思在汉语中也有多种表达方式，如"江山易改，本性难移""狗改不了吃屎"等。

在英汉语言中存在很多具有深刻文化内涵的习语俗语等，翻译时需要合理恰当地将其隐含的文化内涵表达出来。例如，汉语中人们常常引用俗语"三条腿的蛤蟆不好找，两条腿的人多的是"来劝说他人，如果直译为 it's hard to find a three-legged toad，but there are many people with two legs 就很难传递出汉语的文化内涵，表意不够明确，容易让译文读者不知所云，一头雾水。英语中也有类似的表达，如 I know you're sad because you and your boyfriend broke up，but he's not the only fish in the sea。如果套用英语的俗语，表达为 there are plenty /many more fish in the sea，既不会歪曲含义，又会让译文读者更容易理解源语内容。

## 三、归化与异化的选择

在进行文化翻译时，是选择归化译法还是异化译法，译者应该在了解各自的优点的基础上，根据翻译的目的取向和内容来进行判断，确定取舍。

例9：
【原文】Better be the head of a dog than the tail of a lion.
【译文1】宁为狗头毋为狮尾。〔异化〕
【译文2】宁为鸡首毋为牛后。〔归化〕

例10：
【原文】A small leak will sink a big ship.

【译文1】一个小的渗漏会让一条大船沉没。[异化]

【译文2】千里之堤,毁于蚁穴。[归化]

例11:

【原文】巧妇难为无米之炊。

【译文1】Even the cleverest housewife cannot make a meal without rice. [异化]

【译文2】Even the cleverest housewife cannot make bread without flour. [归化]

类似的处理还有很多,详见表6-1、表6-2。

表6-1 汉语习语的归化与异化翻译

| 汉语 | 英语 | |
|---|---|---|
| | 异化 | 归化 |
| 害群之马 | a group-destroying horse | a black sheep |
| 拦路虎 | a tiger in the way | a lion in the way |
| 说曹操,曹操到。 | Speak of CAO Cao and he will arrive. | Talk of the devil and he is sure to appear. |
| 三个臭皮匠凑成一个诸葛亮。 | Three cobblers make up a Zhuge Liang. | Two heads are better than one. |

表6-2 英语习语的归化与异化翻译

| 英语 | 汉语 | |
|---|---|---|
| | 异化 | 归化 |
| Rome was not built in one day. | 罗马不是一日建成的。 | 冰冻三尺非一日之寒。/台上一分钟,台下十年功。 |
| When in Rome do as Romans do. | 在罗马就像罗马人一样做。 | 入乡随俗。 |
| That was a close call. | 那是近处的呼叫。 | 好险呀。/死里逃生。 |
| Many drops make a shower. | 众多雨滴可以汇聚成阵雨。 | 人多力量大。/众人拾柴火焰高。 |

续表

| 英语 | 汉语 | |
|---|---|---|
| | 异化 | 归化 |
| The morning sun never lasts a day. | 早晨的太阳从来持续不了一天。 | 人无千日好,花无百日红。/好景不长。 |
| Bad news has wings. | 不好的消息会长翅膀。 | 好事不出门,坏事传千里。 |

综上所述,译者可以在确保含义正确和易于读者理解的前提下,根据具体的情境选择归化或异化。笔者认为,翻译的目的在于让受到语言隔膜的读者能读懂跨语言转换的信息,归化原则应该是首选,异化原则只能作为补充,为特定的目的服务。

## 第二节 文化翻译的实用原则

在文化翻译过程中,采用何种原则,往往由译者根据具体的情境来决定。笔者认为,在实践中,译者应该深度参与,在原文文化的理解和译文的表达选择上进行过滤,把握文化内涵要旨,瞄准目标读者,在尊重读者的认知理解能力的基础上,以适当的方法为手段,准确传递文化信息。文化翻译要遵循几个主要原则:文化辨识原则、目的靶向原则、准确表意原则和灵活变异原则等。

### 一、文化辨识原则

文化具有非同一性和排他性的特征。人们总是对未见过的物质和现象产生新奇感和迷恋感,对文化也不例外。人们对异域文化往往有一种陌生感,陌生就意味着两种倾向:一是崇拜和敬畏,二是忽视、轻视甚至蔑视。

北京大学哲学系教授楼宇烈①讲述了一个故事。二战期间,一位美国军事学家访问我国驻美大使馆,问我国的武官在军校里读些什么书,读不读《孙子兵法》。武官回答道,《孙子兵法》确实是非常重要的经典,但是已经不太适应现代战争,我们需要学习西方理论。美国军事学家又说,把《孙子兵

---

① 楼宇烈. 中西文化的一个关键性差别. (2020-05-12)[2022-01-01]. https://www.gmw.cn/xueshu/2020-05/12/content_33824467.htm.

法》读懂了，其他的著作都可以不读。他接着分析了德国军事理论家和军事历史学家克劳塞维茨（Carl Von Clausewitz）所著的并被奉为"兵学圣典"的《战争论》（*The Theory on War*）与中国春秋时期孙武的兵家经典《孙子兵法》之间的差异，指出克劳塞维茨的军事思想是理想主义的绝对论，是要把敌人彻底消灭，而《孙子兵法》则是现实主义的中庸之道，认为在现实中有各种变通的方法，可以"不战而屈人之兵"。楼宇烈认为，这不仅是军事思想的对比，也是中国现实主义的中庸思想与西方理想主义的绝对观念的对比，实质上是中国文化与西方文化的对比。

从楼宇烈所讲的这个故事中可以看出，对文化的慧眼辨识和深刻理解很重要，不解或者误解往往会导致行为走偏，舍本逐末。

在翻译过程中，译者还要准确辨识字面背后的文化含义，才能做到准确阐释和表意，避免翻译偏误。汉语相对英语来说表意比较笼统，而英语相对比较具体。例如，汉语中说"请"的场合有很多，既可以作为接待来访客人时确定行进顺序的客套话语，即表示"你走前面，我跟进"的意思，对应英语的 after you；也可以表示允许别人实施某种行为或者发表意见等，对应英语的 please；还可以在用餐时叫客人自己根据自己的喜好选用食品，对应英语的 help yourself；等等。

例 12：
【原文】皇帝和<u>妃子们</u>
【译文 1】the emperor and <u>his concubines</u>
【译文 2】the emperor and <u>his wives</u>

这个译例要求译者了解中国古代的婚姻制度。中国古代实行"妻妾制度"，即一夫多妻制，男人首娶的为妻，后娶的为妾，无论妻还是妾都是明媒正娶的合法配偶，只是妻和妾在家庭中的地位高低有所不同而已。由于皇帝的特殊身份，其所纳的妾被称为"妃（子）"。而英语中的 concubine 指的是没有合法的婚姻关系而和某个身居高位、有权有势的男人同居的女人，类似汉语中的"姘头""二奶"。因此，在该译例中，译文 1 没有准确地辨识"妃子"与英语 concubine 之间的文化内涵差异而导致翻译的偏误；译文 2 的表达才是合适恰当的，准确地传递了"妃子"的文化含义，不致偏误。

## 二、目的靶向原则

德国功能主义翻译理论家费米尔（Hans Vermeer）提出，翻译活动遵循的首要原则是"目的原则"（skopos rule），目的决定整个翻译行为的实施过程，并对其所要达到的结果产生影响。① 以诺德（Christiane Nord）为代表的德国功能派从翻译行为的目的性出发提出了"翻译目的论"，其核心原则是"目的准则"，即"任何翻译行为都是由翻译的目的决定的"。② 纽马克认为："文化对等是把源语的文化词转化成目的语的文化词的一种近似的翻译。"③

在文化翻译过程中，译者要瞄准读者对象，把握翻译的功能目标以及翻译的效果期待等等。在涉及文化的翻译过程中，译者首先要确定翻译的目的倾向性问题，包括目标读者是谁，即考虑目标读者的年龄、认知、职业、身份等；翻译活动的服务目标是什么，即考虑翻译的功能性作用；翻译的效果怎么样，即了解读者理解和接受的程度和效度等。

1. 翻译活动要考虑读者对象

译文应该将目标读者纳入考虑的范畴，考虑为谁而译，将读者的认知水平和认知能力作为译文语言表达的前提，因为超出读者的认知水平和能力的译文很容易使其产生理解上的偏误。特别是对于具有鲜明差异性的文化翻译来说，传递准确的文化内涵信息，不致产生理解上的偏误应该作为第一要务。

例如，位于北京南海子郊野公园的"晾鹰台"怎么译？在中国古代，皇家有一些特殊的规制待遇——"天子有三台：灵台以观天文，时台以观四时施化，囿台以观鸟兽鱼鳖"④。晾鹰台便是其中之一，是元、明、清等朝代统治者观赏鸟兽鱼鳖和进行围猎的重要场所，也是帝王后妃用以登高望远、观看围猎壮观场面的场所，还是皇帝阅兵操演的地方。

译者要根据具体情况做出判断，如果面对的是普通读者，仅仅进行地名介绍，译为 Liangying Viewing Platform 就可以了；如果是面向旅游大众，则需将其作为娱乐文化的旅游产品介绍，译为 Liangying Royal Hunting and

---

① Vermeer, H. *Framework for a General Translation Theory*. Berlin: Lebende Sprachen, 1978.
② 诺德. 目的性行为——析功能翻译理论. 上海：上海外语教育出版社，2001：29.
③ 纽马克. 翻译问题探讨. 上海：上海外语教育出版社，2001：27.
④ 徐坚，等. 初学记. 北京：中华书局，2004：297.

Viewing Field 比较合适;如果是面对从事军事历史文化研究的专业学者,译为 Liangying Royal Military Training and Parade Ground 则更加妥帖。

2. 翻译活动要考虑功能目标

译文应该将目标取向纳入考虑的范畴,考虑为何而译,充分展现翻译的功能取向。例如,"故宫"有多种译法,分别用于展示不同的功能。若译作 The Forbidden City(紫禁城),可凸显其特殊性,主要服务于历史制度介绍与评价的目的;若译作 The Royal Palace(皇宫),可凸显其神秘感,主要服务于旅游观光的目的;若译作 The Palace Museum(故宫博物院),可凸显其藏品之物广、量多、奇秀等特点,主要服务于历史研究的目的。

3. 翻译活动要考虑效果期待

译文应该将目标取向纳入考虑的范畴,考虑为何而译,效果如何等问题。

例如,汉语成语"上善若水"源自老子的《道德经》:"上善若水,水善利万物而不争,处众人之所恶,故几于道。居,善地;心,善渊;与,善仁;言,善信;政,善治;事,善能;动,善时。夫唯不争,故无尤。"[1]从老子的阐释来看,"上善若水"是为与他人和谐相处而实施的灵活处理策略。如果将成语"上善若水"直译为 the best is like water,则难以传递该成语的真实内涵;如果译为 as flexible and harmonious as water,则既能准确传递含义,又不影响理解。

再例如,汉语俗语"有钱能使鬼推磨"是一种夸张的说法,表示只要给足够的钱,平时看不见的"鬼"都会现身来接受难以办到的诸如"推磨"等又苦又难的差事,形容金钱的万能特性。翻译时,如果注重保留原文风格、个性特征和类比方式,往往可以采用释义的译法,译成 with money you can make the devil turn the millstone(用钱你可以让鬼来转动石磨)或者 money can make the devil turn the mill stone(钱可以让鬼来转动石磨)。但是,这种表达超出了译文读者的认知,使其难以准确理解成语内涵。英语中与"有钱能使鬼推磨"内涵相当的对应表达有:(1)great gain makes work easy;(2)money can work miracles;(3)money makes the mare go;(4)money talks;(5)money is everything;(6)money is almighty。这些表达都在英语读者的认知范围内,有利于他们对原文内涵的准确理解。

---

[1] 老子. 道德经. 陈徽,译注. 上海:上海古籍出版社,2023:28.

### 三、准确表意原则

在文化翻译过程中,译者要在充分理解原文文化内涵的基础上,选择恰当的表达方式,准确传递原文文化信息。

在中国文化里有"开笔启智"的说法。"开笔礼"是人生四大礼仪(开笔礼、成年礼、婚礼、葬礼)之首,俗称"破蒙"。"开笔礼"是达到入学年龄的小孩在开学的第一天举行的入学仪式,一般有正衣冠、拜先师、朱砂开智、击鼓明智、起笔描红写"人"字等过程。小孩会在这天早早起床,穿戴整洁后来到学堂,由启蒙老师讲授人生最基本的道理,参拜孔圣人像,继而由老师教小孩写人生第一个字"人"字,教育小孩要好好做人,努力学习。因此,在翻译介绍"开笔礼"时,用英文 schooling-starting ceremony(学业开始仪式)来表达就能比较准确地传递其内涵意义。

再以对"妻子"的称谓为例,在不同文化中对妻子的称谓各有其特点,有身份的体现,有地域的风格,还有情感态度的灌注等。英语中对女性配偶的称谓除少数特殊情况外,如对皇后的称谓 Queen,对总统夫人或州长夫人的称谓 the first lady(其中 first 是为了表示对总统夫人或州长夫人的尊敬和特指),其他的均称为 wife。

在中国,对女性配偶的称呼往往因男性配偶的职业身份和社会地位不同而存在语体性差异,官员等社会高层人士常常称自己的女性配偶为"夫人",知识分子称之为"爱人",而商人则称之为"太太",大部分人因地域不同而分别称之为"老婆""婆姨""堂客"等(见表 6-3)。

表 6-3 汉语中"妻子"的不同称谓

| 时期 | 称谓 | 解释 |
| --- | --- | --- |
| 古代 | 梓童 | 皇帝对妻子的称谓,表身份 |
| | 皇后 | 他人对皇帝妻子的称谓,表身份 |
| | 小君/细君/夫人 | 诸侯对妻子的称谓,表身份 |
| | 贱内/内人/荆妻 | 有身份的人对妻子的称谓,表身份、态度 |
| | 娘子/内掌柜的/浑家 | 普通人对妻子的称谓,表身份 |
| 现代 | 夫人 | 官员对妻子的称谓,表身份 |
| | 太太 | 商人对妻子的称谓,表身份 |
| | 爱人 | 知识分子对妻子的称谓,表身份 |

续表

| 时期 | 称谓 | 解释 |
| --- | --- | --- |
| 现代 | 老婆/娘儿们/婆娘/堂客/婆姨/家里的/屋里的 | 普通人对妻子的称谓，表身份 |
| | 孩子他娘 | 北方人对妻子的称谓，表地域 |
| | 伢他妈 | 南方人对妻子的称谓，表地域 |
| | 内子 | 中国香港、台湾地区对妻子的称谓，表地域 |
| | 堂客 | 湖北、四川一带对妻子的称谓，表地域 |
| | 老布 | 上海人对妻子的称谓，表地域 |
| | 媳妇 | 北京人对妻子的称谓，表地域 |

鉴于此，在翻译外国国家领导人的妻子称谓 the first lady 时，不应直译作"第一夫人"，因为这样的翻译很容易让人联想到"多妻制"文化，译成"夫人"更为妥当。

四、灵活变异原则

在进行文化翻译时，译者不应刻板，而应以读者认知为基础，以通俗达意为目标，以具体情境为条件，以灵活变异为手段，以内涵传递为要旨，合理恰当地选择翻译方法。

例 13：
【原文】卫老婆子来拜年了。
【译文 1】Old Woman Wei called to *kou-tou* and offer felicitations.①
【译文 2】Granny Wei came to pay a new-year-greeting visit.

在该译例中，"拜年"是中国文化中在春节期间为建立和维持亲友关系而进行的一种问候性拜访活动。译文 1 将其译作 called to kou-tou and offer felicitations（磕头并祝贺）就没能准确传递出"拜年"的内涵意义，晚辈对长辈

---

① Snow, E. Benediction. In Snow, E. *Living China*: *Modern Chinese Short Stories*. Westport: Hyperion Press, 1973: 62.

磕头、长辈给晚辈压岁钱、说一些祝贺的话语等等都只是拜年活动的一部分。译文 2 将"拜年"译作 pay a new-year-greeting visit 就是理解文化内涵后灵活而确切的表达,兼顾到了意思的传递和读者的接受。

  例 14:
  【原文】八字还没见一撇的事情别到处嚷嚷。
  【译文】Don't shout out about the things that has no sign of success.

  汉语习语"八字还没见一撇"的原意是指事情像写汉字"八"一样,写完一撇一捺就完成了,但"八"字连一撇都还没见到,比喻指离成事(成功)尚远、尚早。英语中与此意义相当的表述有 there's no sign of anything happening yet、nothing has been done so far、it's far from success、it's too early to celebrate 等。本例译文根据实际情景采用灵活的处理方法,将其翻译为 has no sign of success,既准确地传递了含义,又通俗易懂。

  例 15:
  【原文】他三下五去二就把事情摆平了。
  【译文 1】He dealt it with five minus two.
  【译文 2】He dealt it very quickly.
  【译文 3】He dealt it at one go.

  本译例中的"三下五去二"源于汉语珠算的加减法口诀,表示"三加三等于六"时的算珠拨弄手法,即将上盘珠中表示 5 的算珠拨下来,去掉下盘珠中已上拨的 3 个算珠中的 2 个,只留下 1 个,构成上珠 5 加下珠 1,构成数字 6。因为这种拨珠手法又快又简单,所以人们常常借此来表示简单而快捷的行为。译文 1 中的 with five minus two 没有跳出字面束缚,会让不了解中国特有文化"珠算"的外国读者很难理解其含义。译文 2 中的 very quickly 只表现了"快",而损失了"易"的内涵。译文 3 采用了英语读者熟知的表达 at one go(一举,一下子),既不悖原意,又不影响读者的理解。
  综上所述,文化翻译既不可简单刻板,又不可随心随意,要坚持以目的为引导、以辨识为基础、以准确为宗旨、以灵活为手段的翻译原则,立足于读者的认知,准确地传递原文的含义,避免因偏误而导致译者理解困难和误解误读。

  文化翻译要求译者在坚持翻译原则的同时，还要深入对文化的理解，充当过滤器的作用，寻求合适的阐释手段和方法，在原文和译文之间架起过渡性桥梁，以实现良好而顺畅的跨文化沟通与交流。

# 第七章
# 文化阐释性翻译策略

随着世界政治、经济、科技等领域的交流日益频繁,跨文化、跨语言交流也日趋广泛,翻译也日益重要起来。然而,翻译不仅仅是语言符号的转换,还肩负着文化交流的任务。在翻译过程中,译者不仅仅要完成不同语系结构下的语言符号的转换任务,还要完成文化的诠释和传播,正如美国汉学家迪尼(John J. Deeney)在谈到《多元文化与翻译》(*Biculturalism and Translation*)时所说:"每一种语言都从文化中获取生命和营养,所以我们不能只注意如何将一种语言译成另一种语言,还必须力求表达两种文化在思维方式与表达情感方面的习惯。"[①]

文化翻译的目的是向译文读者转述文化内容,让读者能够看懂文化的内涵是翻译的首要任务。好的文化翻译是通过通俗易懂的语言让读者了解文化含义,领会文化的魅力,从而让读者在潜移默化中慢慢喜欢上原文文化,以达到文化传播推广的目的。文化翻译对译者的要求很高,要求译者了解文化的含义和特征,把握文化的内涵,辨识两种文化的差异,明确文化翻译的思路倾向,灵活地运用翻译的技巧与方法,选择合理的表达方式。因而,译者既要有深厚的语言功底,还要有渊博的文化积淀,只有"知"文化才能恰当地"释"文化,成功地完成文化翻译的任务。

然而,关于如何进行文化翻译,译者的观点却大不相同。有的认为难译的就可以直接忽略,有的认为可以直接音译或者照字面意译,还有的认为可

---

① 迪尼. 熟悉两种文化与翻译. 王士跃,译. 中国翻译,1989(5):52.

以凭借网络资源优势或者利用语料库资源选择使用频率比较高的译文表达，甚至还有的迷信外国专家或者学者的翻译方法，不一而足。笔者认为，译者不能简单地采取回避、借用或者模仿等方式来处理文化信息，而应该做一个懂文化的学者，针对具体情境，做出恰当的选择。

　　文化历来是翻译难以逾越的一道坎。但在进行文化翻译时，我们注重的是什么，是文化的形式还是文化的内涵，是字面表象还是功能目的？这些都需要译者的深度参与，并在权衡的基础上进行取舍，也就是说文化翻译需要有相应的应对策略。所谓策略是指根据具体情况而做出的行动方案，对文化翻译来说，就是译者在处理文化信息时所遵循的思路倾向和行动方案。

## 第一节　文化翻译策略的选择

　　不久前笔者和一个朋友谈到下象棋，他说象棋的棋子各有各的路数，也各有各的障碍，比如"象"局限在"田"字格里，还会因象眼被填受到阻隔；"马"只能走"日"字，也受到蹩腿的限制；"车"虽然可以自由行走，但也惧怕被联合阻击拦住去路，如此等等。因此，各种应对策略应运而生，使象棋成为一门智慧的游戏，讲究方略，路数各异，变化无穷。很多事情也像象棋棋局一样，需要讲究策略。

　　文化翻译更需要讲究策略，在翻译过程中翻译策略的恰当应用既可以化解文化的隔阂，又可以准确传递文化内涵。影响文化翻译策略选择的因素主要有译者的主观意识和客观的现实条件。

### 一、译者的主观意识

　　在跨语言翻译的过程中，以语言为载体的文化处置历来是学者研究的主要议题之一，有理论的论述，也有实践的阐释，观点不同，倾向不一。在文化翻译实践中，往往需要应用翻译策略，而这些策略的选择往往受到译者主观意识倾向的影响，有的译者倾向于语言表达的通俗性，有的译者倾向于内容的呈现，有的译者倾向于字面含义的一致性，还有的译者倾向于内涵的准确性，等等。

　　在译文通俗性方面，有以下译例：

例1：
【原文】He is as poor as a church mouse.
【译文1】他穷得像教堂里的老鼠。
【译文2】他穷得像叫花子。
【译文3】他穷得叮当响。
【译文4】他一贫如洗。

译文1追求的是字面含义的一致性，译文2、译文3和译文4追求的是语言表达的通俗性。再如，将汉语成语译成英语时，也可以有多种表达：

例2：
【原文】落井下石
【译文1】to throw stone onto the man when he falls into a well
【译文2】to kick a man when is down

译文1追求的是字面含义的一致性，译文2追求的是语言表达的通俗性。

有的译者看重的是形式的一致性，但有的译者注重内容的展示。例如，在翻译莎士比亚的戏剧 *Hamlet* 时，有紧贴字面意思的音译《哈姆雷特》，还有以展示内容为目标的意译《王子复仇记》。同样，英国作家狄更斯的小说 *The Old Curiosity Shop* 也有两种译法，一种译作《老古玩店》，而林纾以内容展示为要旨，将其译作《孝女耐尔传》。

有的译者还追求内涵的精准性，例如：

例3：
【原文】The wedding ring is worn on <u>the third finger</u> of the left hand.
【译文】结婚戒指戴在左手的<u>无名指</u>上。

在这个译例中，the third finger 是对无名指的称谓，因为在英语中，大拇指叫作 thumb，其余依次被称作 the first finger（食指）、the second finger（中指)、the third finger(无名指)、the fourth finger(小指)。此处为了表达准确,不能将 the third finger 译作"第三指",而应准确地表达为"无名指"。

例4:
【原文】借问酒家何处有,牧童遥指杏花村。
【译文1】Where can a wineshop be found to drown his sad hours? / A cowherd points to a cot mid apricot flowers.
【译文2】When I ask a shepherd boy where I can find a tavern, / He points at a distant hamlet nestling amidst apricot blossoms.

"牧童"在汉语中是指放牧的小孩。从字面上看,"牧童"与英语中的 cowboy 相当,还可以表达为 cowherd 或者 shepherd boy 等。但在中国文化中,"牧童"是江南地区特有的。黄河流域地区的牧民往往以养羊为主,大人和小孩都可以放牧,常被称为"羊倌",与英语中的 shepherd 含义相当;而中国西北部草原上的成年人多以牧马为生,常被称为"牧马人",与英语中的 herdsman 含义相当。将"牧童"译作 shepherd boy,就成了"放羊人";将"牧童"译作 cowherd,就放大了年龄范围;译作 herdboy 更接近原意,是比较准确的表达。

## 二、客观条件的影响

因文化素养、语言水平和应变能力上的差别,不同的译者对相关文化的理解深度、把握尺度、负责程度和表达幅度等都会有所不同。

1. 文化素养是翻译策略选用的基础

文化是一个民族的精髓,也是有别于其他民族的显著特征。但是,文化的组成非常复杂,可以涵盖人们生活的方方面面,包括民族个性、感知认识、时间和空间观念、思维方式、言语和非言语符号、价值观、行为规范、社会群体及其相互关系等等。文化是内敛的知识积累认知,文化储备不充分的人往往会在行为方式方面表现得简单、粗俗,在跨民族的文化交流与应用方面也往往会表现为不适应,出现语言的偏误和行为的不当等问题。在文化翻译上,如果译者的文化素养不够,往往会导致文化信息走偏。例如:

例5：

【原文】Those in the sandwich generation often feel more stress than any other age group.

【译文1】那些属于三明治的一代的人经常要比别的年龄层的人受到更多的压力。

【译文2】上有老下有小的那一代人经常要比其他年龄层的人受到更大的压力。

英语中，the sandwich generation 是指为家人生活操劳奔波的一代人，即为家人挣钱、养活家人的那一代人。如果不懂其所指，只能直译为"三明治的一代"，这会使得译文读者难以理解其真实所指。

2.语言水平是翻译策略应用的核心

语言和文化之间有着密不可分的联系，语言是文化发展的产物，又是文化传承的工具和手段。文化是一定群体的智慧结晶，是语言的精髓和内涵，需要语言来承载，因此语言和文化的关系实际上是一种表象和本质的关系。在不同的群体间进行跨文化、跨语言交流，离不开翻译的媒介性作用，文化的输入和输出往往需要借助翻译的平台。语言、文化和翻译之间便建立起了内在的联系。

然而，无所不及的文化往往因民族、地域、习俗等方面的差异出现各种不能对应的情况，这给翻译带来不小的难度。在进行翻译活动时，译者不仅要精通两种语言，还要熟悉两种文化，正如王佐良的主张，"翻译者必须是一个真正的文化人"①。同时，译者还需要有一定的文化翻译倾向，如将准确性、通俗性等作为翻译活动的指导，对文化信息的处理采用具有针对性的灵活翻译策略。

例6：

【原文】孙耀庭是我国历史上的最后一位太监。

【译文】SUN Yao-ting was the last royal eunuch in Chinese history.

---

① 王佐良.翻译中的文化比较.中国翻译,1984(1):2.

太监又称宦官、阉人，是中国古代帝王制度的产物，是古代专供都城皇室役使的男性官员。为了保证皇家血脉的纯正性，这些役使的男性官员往往被阉割而失去性能力。在翻译时，不能简单地将其译作 eunuch，eunuch 的英文解释是 a man who has been castrated and is incapable of reproduction（因被阉割而无生育能力的男人），但世界上其他国家和民族中也存在被阉割的男性。有的是为了惩罚性犯罪者而对其实行阉割手术，还有的是为了获取商业利益，如泰国的"人妖"（英语称作 she-man 或者 lady-boy）就是对年幼的男性进行阉割（去除男性生殖器），再注射雌激素使其成为具有女性特征的人。

如果将汉语中的"太监"译作 eunuch，既不能传递中国特有的文化现象，还可能造成读者在其认知基础上的误解误读，因此将汉语文化中的太监译作 royal eunuch 比较妥帖。

3. 应变能力是翻译策略应用的本质

在翻译过程中，文化不仅存在理解广度与深度的问题，也存在表达准确性与恰当性的问题，还有翻译目的和倾向性的问题。

首先是翻译过程中对文化理解的准确性问题。文化受制于其产生、存在和发展所依赖的自然地理环境和人文社会环境，因此具有鲜明的民族性和地域性差异，即同一表达方式存在不同的喻指含义，而表达同一含义的喻指方式却存在差异。正如《晏子春秋》中晏子就阐述了文化地域性差异的道理："橘生淮南则为橘，生于淮北则为枳，叶徒相似，其实味不同。所以然者何？水土异也。"[①]

例如，英语习语 have a fit（也作 throw a fit）的意思是 to express extreme anger（勃然大怒），而不是"试穿"的意思。中国曾有某服装店想用"请进，试穿一下"来作为招揽顾客的广告语，将其译成 come in and have a fit，这种译法既误导顾客，也达不到预期的目的和效果。

其次是翻译中文化表达的恰当性问题。文化的影响在于各种语言表述的对应性、缺位性和错位性。两个不同民族对相同事物的表述具有一定的对应性。例如汉语中的"趁热打铁"与英语中 strike the iron while it is hot 含义基本相同，表述也具有一定的对应性。

---

① 晏婴. 晏子春秋. 呼和浩特：远方出版社，2002：230.

但是,要解决两种语言中的缺位性和错位性问题,译者需要实施智慧性介入,在充分理解原文内涵的情况下,熟练地运用各种翻译技巧进行转、替、挪、移的处理。例如:

例7:
【原文】在我们的现实生活中,没有什么是完美的。
【译文】In our earthly life nothing is perfect.

原文中的"现实生活"很容易表达为英语的 real life(真实生活)。汉语中的"现实生活"与"真实生活"还是存在一定的区别的,"真实生活"是从客观存在的角度来进行阐述的,而"现实生活"是与"理想生活"相对,属于思想意识层面的阐述。因此,译为 earthly life 更加妥帖。

例8:
【原文】我这还是大姑娘坐轿,头一回呢。
【译文1】This is just like the out-marrying girl sits in the sedan-chair for the first time.
【译文2】This is my first trying(seeing)。

原文中的"大姑娘坐轿,头一回"是汉语中的歇后语。在中国古代,女孩子往往被父母严管在家中,一般不外出,更谈不上坐轿,只有在出嫁时才有机会坐上轿子被抬到婆家。译文1增加了 out-marrying girl 来阐释中国婚嫁文化知识,让译文读者更易理解;译文2就回避了文化现象,直接传达原文意思。

最后是文化翻译的目的和倾向性问题。翻译的目的决定翻译的方式方法和技巧策略。例如,在翻译"政党领导人物"时,party chief 表示褒扬的含义,party leader 表示中性的含义,但用 party boss 则表示贬斥的含义,译者往往根据自己的立场来选择不同的表述。类似的还有我们熟悉的 statesman(政治家)与 politician(政客)等。

在译者主观倾向和客观现实条件的影响下,文化翻译的策略多种多样,但是诸如创造性叛逆、文化和文化符号的移植等是行之有效的策略,有助于化解文化间的矛盾与隔阂,也有利于文化内涵的传递。

## 第二节　文化翻译中的创造性叛逆①

翻译活动既联系着具有感性认知的原文作者,又联系着用自己的社会文化认知解读外来文化信息的译文受体——读者,译者通过发现和利用两种语言之间的同质元素,为原文作者和读者搭建起沟通的渠道——译文,其任务就是要处理好两种语言间存在的语义和文化障碍问题。由于语言所表达的是某一社会的信念与行为,并从一定程度上反映出该特定社会所具有的独特文化,因此,翻译必然涉及文化。② 从实践来看,翻译实质上就是文化的符号阐释。没有一种语言不是植根于某种具体的文化之中的;也没有一种文化不是以某种自然语言的结构为其中心的。③ 因此,要准确地传递原文的内涵信息,译者不仅要注重语言的语义信息荷载,还要注重语言的文化信息荷载,只有通过译者创造性叛逆的处理手段,才能使语义信息和文化信息完整而深刻地得到再现。

### 一、跨文化翻译中影响因素

跨文化翻译通常会涉及语言和文化层面的问题,一方面表现为客观存在的语言文化差异,另一方面表现为译者的翻译原则和主体性。

1.客观因素

语言作为文化的载体往往具有反映民族文化特征的功能。由于地域环境、社会制度、历史沿革、思维视点等的差异,本民族与他民族间的文化现象和文化形态往往呈现出非对应性关系。英语文化和汉语文化在意识形态、价值观念、思维方式和风俗习惯上存在很大差异,缺位、错位以及假性等值等现象不可避免地存在,这对译者来说既是影响和限制因素,也是一项具有极大挑战性的任务。

1.1　语际缺位现象

20世纪50年代,美国语言学家霍凯特(Charles Francis Hockett)在将

---

① 刊载于郭万红,李建军. 文化翻译中的创造性叛逆. 安徽理工大学学报(社会科学版),2015(5):86-91.

② Lotman, Y. M., Uspensky, B. A. & Mihaychuk, G. On the semiotic mechanism of culture. *New Literary History*, 1978(9): 211-232.

③ Savory, T. H. *Art of Translation*. London: Cape, 1957.

两种语言的语法模式进行对比时首次提出了"缺位"(random holes in patterns)的概念,[①]苏联翻译理论家巴尔胡达罗夫(Л. С. Бархуаров)也采用了"无等值词汇"[②]的术语表述。到 80 年代末,美国学者索罗金(Pitirim A. Sorokin)等人真正提出了"缺位"(vacancy)理论。

所谓缺位现象,是指在一种语言中存在的物质名称、概念和现象等在另一种语言中所出现对应缺位的情况。缺位现象主要是由不同民族在政治制度、经济发展、历史变迁、物质环境、风俗传统和思想意识乃至语言系统等方面存在的独特性造成的,具有鲜明的民族属性和时代属性。例如,汉语中的"胡同""炕""秀才""气功""衙门""牌九"等,英语中的 cigar、sauna、ballet、sandwich、sofa、Utopia 等。

这种语言的非对应性缺位现象会给译者的翻译活动带来一定的障碍,然而译者面对这些障碍必须积极应对,找到音译、转换、替代等适当的方法来进行处理。

### 1.2 语际错位现象

所谓错位现象是指人们对表达事物、现象和概念的文字符号所产生的认知联想和内涵解读存在着错位性差异的现象。错位现象主要是由民族性和地域性特点,以及由此衍生出来的情感、观念认知方面的差异性决定的。例如,cowboy 是带有浓厚浪漫主义和传奇色彩的美国社会特有的产物,与美国西进运动有关。在汉语中也有很多田园牧歌式的人物形象词,如"牧童""羊倌""牧马人"等。这就是一种错位现象。

在中国,"茶坊"也叫"茶馆""茶楼",是人们以喝茶的方式聊天消遣和进行交际活动的场所,是中国的一种特色文化形式。而在西方社会,人们以喝酒的方式聊天消遣和进行交际,这种场所叫作 bar(酒吧)。可见,"茶坊"与 bar 具有类似的功能。因此,英语里可以提供茶点和便餐的 teahouse 与汉语的"茶坊"就存在内涵上的错位;同样,在中国可以提供茶点和便餐的"酒吧"也与英语里的 bar 存在内涵上的错位。

语际错位一方面是表达含义相同而指称事物不同。例如,汉语里常常用"鸳鸯"来表达爱情,因为人们羡慕鸳鸯出双入对的生活方式,借以体现人们对忠贞不渝和白头偕老的夫妻情感的追求。而在英语里,人们通常是用

---

① Hockett, C. F. Two models of grammatical description. WORD,10(2-3):210-234.
② 巴尔胡达罗夫. 语言与翻译. 北京:中国对外翻译出版公司,1985:42.

rose 来表达爱情,体现的是爱情的鲜活。传际错位另一方面是指称事物相同而表达含义不同。例如,在汉语里,"羊"是温顺与软弱的代名词,而在英语里 goat 能表达"好色"这一含义。

对于这种错位现象带来的翻译障碍,译者必须谨慎应对,充分了解源语和译语中相应的词的内涵,通过合理的解读和适当的方式来进行处理。

### 1.3 语际假性等值

早在 1957 年,萨瓦里就提出了"假性等值"(illusory correspondence)的概念。所谓假性等值,是指字面意思相同而内涵意义不同的词语使人们误以为词义等值的现象。

词的内涵往往在两种不同语言中呈现非对称现象,具体表现为两种情形:一是在本族语环境下,词的内涵大于外族语的内涵;二是在本族语环境下,词的内涵小于外族语的内涵。例如,汉语中的"知识分子"和英语中的 intellectual 在中美各自的文化背景中含义并不相同。在中国,"知识分子"一般包括大学教师、大学生以及医生、工程师、翻译人员等受过高等教育的人;但在欧美国家,intellectual 只包括大学教授等有较高学术地位的人,并不包括普通大学生,所以这个词所指的范围要小得多。

词的假性等值主要表现在词的指称内涵、引申内涵和联想内涵等几个方面的差异。

首先,词的指称内涵不同。所谓指称内涵是指在语言中用以指代与其环境、习俗等相关联的事物的名称、概念等所存在的内涵意义。人们往往习惯用具有某种熟知特征的名称或者概念来指称某种事物,因而,不同文化群体的语言中词语的指称内涵存在着显著的差异性。例如,汉语"玉兔东升"中的"玉兔"实指"月亮",与字面意思 jade rabbit 相距甚远;"旗袍"是中国女性所喜爱的一种漂亮的侧面开衩的袍裙(female side-furcal robe),也与字面意思 banner gown 不符。同样,英语中的 Lazy Susan 实指 food turn-plate(盛食品的自动转盘),而非"懒惰的苏珊";merry-widows 实指 female straitjacket(女用的紧身衣),而非"快乐寡妇";cheesecake 实指 female bonny photo(女性健美照),而非"奶酪蛋糕";等等。

其次是词的引申内涵不同。人们习惯于借用现实生产和生活中的实物来表述某种事物、现象或者概念的含义,即词语意义的引申。然而,对于不同的民族来说,借指物和借指的方式存在差异,因而会导致其引申意义的差异性。例如,汉语"他肚子里没有多少墨水"中,由于"墨水"是用来写作的工具媒介,此处指找"文化水平",因此该表达不能简单地译作 there isn't much ink in his stomach,而应该译作 he was not well-educated 或者 he is almost illiterate,这样才能传递出原文的确切引申内涵。

最后是词的联想内涵不同。人们的生产生活环境、民族习俗和历史沿革等因素无不对语言产生重要而深刻的影响。人们通过对与生活相关的环境和事物的密切接触、仔细观察与深入了解,建立了与自然和事物之间的情感联系,并衍生出相关的情感联想,但由于不同民族的情感联想事物、方式和倾向性存在显著的差异性,因而其语言表意也明显不同。例如,英语民族对 pig(swine)的情感印象是"贪婪",而汉语民族对"猪"的情感印象是"笨拙""慵懒",因而各自衍生出与之相当的情感表达,如 he made a real pig of himself at the restaurant(在餐厅里吃饭时,他摆出一副贪婪的吃相)、他笨得像头猪(he is as stupid as an ass)。

面对这种假性等值现象,译者必须透过字面,找出词语的深层内涵,采用适当的对应表达来展示其内涵意义。

综上所述,在跨文化翻译中,译者通常会遇到诸如缺位、错位以及假性等值等现象所带来的困扰和障碍,要应对和克服这些障碍,在知彼知己的基础上,最佳的处理方式是有效应用创造性叛逆的翻译原则和方法。

2. 主观因素

影响跨文化翻译的主观因素主要表现在译者的翻译原则和主体性的表现上。译者的翻译活动往往受到译者所持观念的影响,观念通常对译者所采用的翻译原则、翻译方法乃至主体性发挥的方式、程度等产生直接影响,进而移植到译文的表现形式中。

例如,汉语中称 88 岁生日为"米寿",译者可以根据各自的观念来应用翻译原则,分别译成 *mi* birthday、rice birthday、eighty-eighth birthday、eleven-times-eighth birthday、eighty-plus-eighth birthday 或者 parallel eight birthday 等。对于音译 *mi* birthday 和字面意译 rice birthday,缺乏汉语文化认知的外国读者根本无法理解其含义;意译 eighty-eighth birthday 虽然与源结内涵相同,却未能传递出利用汉字构成的拆字相加所传递出的巧妙寓意。利用英语的连字构词法译为 eleven-times-eighth birthday、eighty-plus-eighth birthday,或者形象地译为 parallel eight birthday,则巧妙地传递了含义。

当然,译者能否充分发挥主体性,不但受主观观念影响,还与译者所具备的语言文化素养密不可分,只有对两种语言和文化都有良好的理解和感悟,才能充分发挥主体意识,使相应的观念得到有效发挥。

## 二、跨文化翻译中的叛逆与创造性

巴巴(Homi K. Bhabha)指出:"语言的'异质性'是不可译的核心,超越了主题的透明度。不同语言体系之间的意义传递不可能是完整的。"[①]跨文化翻译需要充分展示翻译的延伸性和调节作用,需要借助译者的深度介入,将语义信息和文化信息的阐释具体化、过滤化,甚至叛逆化。

交际信息是语义信息与文化信息的融合与统一,而文化,包括文化环境下形成的言语符号和物质、规制以及观念等,是影响交际信息传递的最大障碍。法国文学社会学家埃斯卡皮(Robert Escarpit)提出了"创造性叛逆"[②]的概念。他认为翻译总是一种创造性叛逆,因为译文具有与原文不一样的参照系(语言、文化),其创造性在于译文往往是以一种新的形式出现或者负载着崭新的内涵。但源语文本固有的特质及内涵仍让译者难以割舍。

创造性叛逆翻译是指译者在两种语言系统下所完成的过滤性释码和创造性再编码的翻译转换过程,即过滤性地完成从原文本符号的信息解读到词语意义的阐释,再从词语意义的阐释到译文信息的文本符号再构,创造性地完成信息的输出性符号再编码的转换过程。译者的介入能解决因语言文化的差异性所带来的翻译困难和问题,实现语义和文化信息的有效传递。

跨文化翻译既依赖语言,又超脱于语言。说它依赖语言是指文化必须依赖语言的载体,说它超脱于语言是指文化内涵有时超出语言的字面含义。笔者认为,在跨文化翻译过程中,不能简单地把跨文化翻译与语码转换画上等号,而应强调在内涵与形式的矛盾和冲突之间进行叛逆性过滤,灵活变通,既要遵循一定的原则,又要强调一定的呈现方式。叛逆是跨文化翻译应该遵循的原则,处于宏观的理论统领层面,而创造性则是执行的具体方式,属于微观的语言表现层面。原则决定方式,并对方式产生引领作用,方式则是原则的具体体现,对原则产生解释作用。译者应坚持以叛逆作为跨文化

---

① Bhabha, H. K. Dissemination: Time, narrative, and the margins of moderation. In Bhabha, H. K. (ed.). *Nation and Narration*. London: Routledge, 1990: 314.

② 埃斯卡皮. 文学社会学. 王美华,于沛,译. 合肥:安徽文艺出版社,1987:137.

翻译的处理原则,以创造性作为跨文化翻译的处理方式,实现文字符号背后的内涵文化信息的有效传递。

1. 跨文化翻译中的叛逆原则

在跨文化语境下,创造性翻译也随之应运而生。[①] 在跨文化翻译中,之所以要进行叛逆,其目的是透过语言文字的表层信息对源语文化进行深入的阐释和解读,以达到译语读者在其认知水平和认知能力的基础上理解和接受源语信息和文化的目的。语义具有不确定性和游移性特点,文化内涵也依赖于不同的解读,因此,要做到有效的翻译,就需要叛逆的翻译原则作为引领,同时也需要创造性的表达方式。然而,叛逆并非随意所为,而应遵循一定的原则,这些原则主要包括目的原则、通俗原则和文化保护原则等。

1.1 目的原则

以诺德为代表的德国功能派从翻译行为的目的性出发提出了"翻译目的论"。其核心原则是"目的准则",即"任何翻译行为都是由翻译的目的决定的"。[②] 该理论认为翻译是一种基于原文的文本处理过程,"原文仅仅是译者使用的多个'信息来源'的一种",其地位不再"神圣不可侵犯"。[③]

跨文化交流往往具有鲜明的目的性,通过语言的表达来实现预期的政治、经济和文化交流的目的。例如,中国在1986年开始启动入关谈判,到2001年入关协议达成,在长达15年的艰苦谈判历程中,中国谈判组为了达到既能创造入关谈判的条件,又不过度损害当时的中国经济的目的,新创造了"商品经济"(commodity economy)这一说法,将其区别于中国以往的"计划经济"(planned economy)和入关后的"市场经济"(market economy),最终顺利实现了入关谈判的目标,又在一定程度上保护了中国经济。

在跨文化翻译过程中,目的准则决定翻译的思路和倾向,译者可以根据翻译的目的来决定对原文保留的限度、调整的方式或改写的程度,也就是说,在一定限度内,译者通过采用合适的表达方式来达到预期的目的。

---

① 孙艺风. 翻译与跨文化交际策略. 中国翻译,2012(1):16-23.
② Nord, C. *Translating as a Purposeful Acting-Functional Approach Explained*. Shanghai: Shanghai Foreign Language Education Press, 2001:29.
③ Nord, C. *Translating as a Purposeful Acting-Functional Approach Explained*. Shanghai: Shanghai Foreign Language Education Press, 2001:25.

### 1.2 通俗原则

德国语言哲学家洪堡(Wilhelm von Humboldt)认为,语言不仅有意义表达功能,还有认知表现功能,是一个民族进行思维和感知的工具。目的语的审美架构有别于源语的审美架构,任何一种语言也都包含着一种独特的世界观,要想通过语言转换的方式将一种特有的或者陌生的事物、现象、审美方式和观念等方面的信息传递给缺乏相应认知的对象,就需要译者进行过滤性创造,即透过语言的字面,在深入解读其深层的社会文化内涵的基础上,进行语言的重组编码。

跨文化翻译往往是在转换文化环境的条件下进行的,文化接受对象的文化背景和文化认知能力影响着他们对异域文化信息的理解和吸收。语言间的文化缺省现象往往会给译文读者带来意义真空,使其无法将语篇内的文化信息和语篇外的已知知识、经验有效地结合起来,以建立起必需的语义连贯和情境连贯。

忽视接受对象的文化认知能力,就很难得到预期的效果。因此,要做到深层的文化信息的传递,就必须重视译文读者的认知结构,减少读者的阅读阻力,追求可读性。

在西方社会里,语言的可读性与通俗性是高于一切的标准。英国汉学家韦利(Arthur Waley)在翻译汉语古典小说《西游记》时,凡遇到"文化专有项"就进行大刀阔斧地删改,最后将原作弄得面目全非,甚至将书名改成了"猴子",副标题是"中国的民俗小说"。这种叛逆对目的语来说确实达到了通俗的目的,可对源语背后的中国文化来说则是一种极大的歪曲和伤害。

### 1.3 文化保护原则

为了保护民族文化特色,有些译者通常采用叛逆性翻译,以归化和异化作为翻译策略。① 采用异化的方式让读者难以理解外来文化;采用归化的方式让本族文化替代外族文化,达到抵制外来文化入侵,保护本族文化纯洁性的目的。

国外很多学者非常注重文化翻译中的创造性叛逆行为,采用改良式处理方法来处理外来文化。例如,在西方文化中,信仰天主教的人将纪念已故亲友的节日称作 All Soul's Day(万灵节,11月2日),其功能与中国的清明

---

① 刘明东,何晓斓. 翻译对跨文化传播的影响. 外语学刊,2011(2):120-123.

节类似。若将中国的"清明节"译成 Tomb-sweeping Day，往往会使读者产生"打扫墓地"的误解，若采用替换性译法译作 All Soul's Day，虽容易让外国读者理解，但失去了中国的文化特色，不利于文化的传播。如果创造性地表达为 The Sacrificing Day，就能起到文化保护的目的，也易于让读者理解。

2. 跨文化翻译中的创造性方式

跨文化翻译不仅需要以叛逆原则作为导向，还需要有恰当的创造性方式作为支撑。创造性的方式可以表现在微观的词句方面，也可以表现在宏观的思想观念方面，可以是形式，也可以是内涵。

### 2.1　形式变更

形式上的创造是指为了使语义更加贴切而不受原文的字面形式的约束，着眼于内涵所做出的叛逆性调整的转换方式。以"节约用水"为例，若从字面形式来看，应该译作 save water，而 save water 的含义是经过节省积聚的方式来达到目的，显然与原文的内涵存在差异，若采用反面的表达形式，译作 don't waste water，虽然在形式上不够忠实，但内涵上确实是对等的。

#### 2.1.1　新词创设

在跨文化翻译过程中，我们常常会遇到有关物质、规制和观念等方面的语汇缺位，或者在译语中虽然有类似的语汇，但存在明显的内涵差别。在这种情况下，为了表意准确，可以通过创设译语的新词来达到目的。

例如，1946 年，毛泽东提出了"一切反动派都是纸老虎"的论断。当时英语中没有对应的表达，译者使用了 scarecrow（稻草人）来表达"纸老虎"的意思。毛泽东得知了这一翻译后说："不行，我的意思是纸糊的老虎，是 paper-tiger。"原来毛泽东用"纸老虎"要表述的意思是：看起来凶猛，其实并没有威力。从此，新创的"纸老虎"的英文表达 paper-tiger 传遍了世界，成为经典。

近年来，汉语中出现了很多新词汇，翻译时可以根据其含义创设英语新词，如"留守儿童"可以译作 self-care children；"高富帅"可以译作 tall-rich-handsome guy；"月光族"可以译作 semi-month-elite；"空嫂"可以译作 married airline stewardess；等等。

#### 2.1.2　替代转换

替代转换指在译语中虽然存在字面意思相似的语汇，但与原文所表达的意思内涵存在一定的差距而采用的跳过词汇字面对应而寻求其他替换性表达的翻译方式，在一定程度上说，这是一种改写。东西方民族对事物的审视角度、方式、习惯存在显著的差异性。例如,汉语中的"红茶"是以茶汤的颜色来命名指称的,而西方人则以物品本身的颜色来命名,称之为 black tea,类似的还有"红糖"与 brown sugar 等。

## 2.2 内容改写

内容的改写是指为了达到文化保护或者便于读者理解和接受的目的,而在语义内涵上做出叛逆性调整的转换方式。由于语言间存在规制、观念、审美和思维等方面的差异,为了维护本族文化的纯洁性,或者便于读者顺应其观念、审美等认知水平以达到理解的目的,对内容进行叛逆性改写成为部分译者的追求。内容的改写包括细节转换和观念更替两种情形。

### 2.2.1 细节转换

为了消除文化壁垒或者维护本族文化的纯洁性,以及避免审美情趣和思想观念方面的差异带来的理解障碍,有些译者在叛逆原则指导下,对原作中的部分细节内容进行转换性改写。

小说《海军协定》(*The Adventure of Naval Treaty*)对失窃案主人翁的未婚妻有这样的描写:She was a striking looking woman, a little short and thick for symmetry, but with a beautiful olive complexion, large dark Italian eyes, and a wealth of deep black hair. 1896 年刊登在《时务报》的译文为:"身矮而壮,面如橄榄,眼黑如意大利人,发如漆色。"1916 年的程小青中文译本为:"貌颇昳丽,肤色雪白,柔腻如凝脂,双眸点漆,似意大利种,斜波流媚,轻盈动人,而鬒发压额,厥色深墨,状尤美观。形体略短削,微显美中不足。"[①]

在中国传统文化中,女性以肤白和窈窕为外形美,而在西方文化中,女性以金发和健硕为外形美。第二个译文按照中国传统描写美女的词汇重塑了一个美女形象,虽在细节上没有忠实于原文,却向译文读者传递了美人的形象。从这个意义上来说,它既是叛逆,又是忠实,是一种主动性的"创造性叛逆"。

### 2.2.2 观念更替

跨文化翻译最终承载的是文化的终端,是深层的思想观念的角力。译者往往在观念、立场上需要进行一定的选择和站位,鉴于保护本族文化的目的,有些译者往往在具有灵魂意义的外域文化观念上进行革新,以本族的文

---

① 孔慧怡. 晚清翻译小说中的妇女形象. 中国比较文学,1998(2):76.

化观念取而代之,这是一个民族化的过程。

美国人对于外来文化也通常采取"美国化"过程来加以改造。1998年,美国迪士尼公司将我国的经典传奇故事《花木兰》制作成动画片。该片虽然保留着原有的基本故事情节,但从故事的主题到人物形象的刻画都被涂上浓重的美国文化色彩:将木兰为孝从军的中国传统形象改为自我价值实现的美国式英雄形象。动画片中的花木兰虽然长着中国人的眼睛,但其行为却充满了美国式的叛逆精神。

在我国大量译介国外文化产品时,鲜有译者关注到外来文化"中国化"的问题。例如,对于博爱观念下的英语单词 love,在表示亲情关系时,是将其译作"爱",还是译作能体现中国人推崇的亲情观念的"呵护"(长辈对晚辈),或者"孝敬"(晚辈对长辈)?很少有人进行过思考。这种现象导致西方观念在中国泛滥,对中国本土观念带来严重冲击,这不能不说是一种悲哀。

总之,在跨文化翻译中,叛逆原则和创造性表达方式的应用,可以达到减少文化欠额、适应读者的文化认知需求和保护民族文化特色的效果。

跨文化翻译往往会受到主客观因素的影响。语言作为一种交际符号,具有鲜明的表意功能。一方面,受制于产生、存在和发展的自然环境和社会群体环境,语言之间往往存在着客观的隔膜,如缺位、错位以及假性等值等现象往往成为信息交流的严重阻碍;另一方面,在译者主体观念影响下,翻译原则和方法的应用不同。在跨文化交流过程中,为了减少文化欠额,适应读者的认知需求以及文化的有效保护与传承,往往需要译者的深度介入,在深入解读原文的基础上,遵从叛逆性翻译,对目的语进行创造性再编码,以达到语义信息和文化信息的有效传递,避免对源语文化的误传、误读和误解,实现交际效率最大化。

在翻译过程中,跨文化阐释所能起到的作用不可忽视。[①] 译者既应该有自己的原则倾向,也应该有自己的观点和立场。翻译存在输入性翻译(译入)与输出性翻译(译出)的方式差异,因此,在叛逆原则的把握以及创造性方式的采用方面也应该有所不同。笔者认为,在进行输入性翻译时,译者应该更加注重通俗性叛逆原则和本族文化保护的叛逆原则,而在进行输出性翻译时,译者应该更加关注目的性叛逆原则,在此基础上,运用适当的创造性方式有效地向读者传递正确的语义和文化信息。

---

① 王宁. 翻译与跨文化阐释. 中国翻译,2014(2):5-13.

## 第三节　对外翻译中的文化移植①

20世纪70年代以来,国际学术界出现了翻译研究的文化转向和文化研究的翻译转向,两个转向为文化研究和翻译研究两个领域带来了显著成果,推动了研究进程。在跨文化交流中,文化与翻译研究这一话题一直备受国内学者的重视,例如,蒋好书探讨了对外文化翻译与交流的五个层次;②党争胜以《红楼梦》中中国民俗文化词英译为例,探讨了文学翻译过程中民俗文化词的翻译原则与方法,提出了"简释性增补"的民俗文化词翻译主张;③黄巧亮认为文化态势影响着译者对翻译材料和翻译策略的选择等。④

文化与翻译间的联系最直观地体现在了语言层面,源语中的"文化"要想在目的语中长久扎根,不仅需要文字间的简单转码,更需要文化间的"移植"。由于文化差异、具体文化语境、译者思维认知等诸多因素的限制,文化在对外移植过程中有时会出现"变味"现象。"文化味"的移植是每个译者从事文化翻译的重要目标,目的语如果离开了"文化味",则会丧失源语的文化效果,导致文化翻译的失真。因此,"文化味"的移植是极为必要的。

### 一、文化与文化符号

学术界对"文化"的定义众说纷纭,广义上将文化分为物质文化和非物质文化,涵盖风土人情、生活习俗、行为规范及思维观念等方面。人类在生产和生活的历史积淀中,按照规定或约定自然形成了许多种类的文化符号。随着人类活动的进一步扩展,文化符号表现出与人类衣食住行相关的物质性,与社会规定相关的规约性,以及与人类心理和思维相关的观念性。本研究以此为标准将文化符号划分为物质文化符号、规制文化符号和观念文化符号。由于人类社会的不断融合,文化不局限于在本土的传播,具有传统意义和代表性的文化符号还要走出国门,迈入异国他乡。文化符号在异族文化圈内的传播离不开翻译活动,由此可见,文化与语言之间是相互依存、密

---

① 刊载于张广花,李建军.论对外翻译中的文化移植.浙江科技学院学报,2017(2):130-133.
② 蒋好书.对外文化翻译与交流的五个层次.中国翻译,2014(3):13-16.
③ 党争胜.民俗文化词的翻译问题探微:从《红楼梦》英文版中"压岁钱"等词的翻译谈起.外语教学,2015(1):93-97.
④ 黄巧亮.文化态势与翻译策略选择.外语学刊,2016(1):98-101.

不可分的关系。文化的相似性和相通性不仅使语言之间的跨文化转换成为可能，而且也为转换提供了很大的便利。但是事实上，由于各民族生存的人文环境大不相同，各种语言所负载的文化信息也存在差异，具有代表性的文化符号本身蕴含着浓厚的文化韵味。因此，在对外交流中，跨语言的文化信息和文化韵味移植在很大程度上决定了翻译的成功与否。

## 二、文化的移植

"文化移植"所指的文化，主要是指某语言所反映的一个民族的风土人情、历史变故、生产活动，以及该民族的特殊心态特征和思维方式等诸多方面。"移植"一词本身包含了生命体的含义，文化的对外传播离不开译者的翻译活动，在文化对外移植过程中将源语文化的信息从一种环境放置到另一种环境中，且该文化信息能够正常运行，这一过程也可以被称为"文化移植"。

### 1. 文化的变味移植

"文化味"是指文化负载词所蕴含的抽象的文化情味和意味。翻译特色文化符号时，不仅要让受众理解词汇本身包含的信息，更重要的是让受众能够从中体会到源语蕴含的"文化味"。在英语和汉语中，某些词语、句子或篇章的表层意义相当具体，然而实则具有浓重的文化内涵，反映各自民族独特的生活方式和内容。所以，对于某些特色文化符号的翻译，译者如果只关注其字面含义，忽略其蕴含的"文化味"，简单地直译或硬译，反而会出现文化意象的亏损现象，导致源语在目的语的文化环境中"变味"。

在中国的待客文化中，"略备薄酒，不成敬意"这一客套表达随处可见。所谓"薄酒"，字面意思上可以解释为"浓度低的、味道较淡的酒"，亦可称为"水酒"，是主人对待客之酒的谦称。在中国的待客之道中，"薄酒"一词并不仅限于"酒"这一实实在在的物质，还涵盖了"酒宴"的意味，例如，"值此开张之际，我们略备薄酒，恭迎四方嘉宾光临"(on the occasion of our opening for business, we prepare some dishes and request for the presence of our guests from all quarters)。显然，在此文化语境中，"薄酒"一词远远超越了字面上"酒"这一含义，如果仅按照字面信息将其译作 watery wine，不仅源语中隐含的"文化味"不能完整地被表达出来，受众也会对中国的待客之道有所不解，因而不能达到文化移植中"传情达意"的效果。若改译为 dishes(菜肴)，则传达了小型酒宴的意味，弥补文化信息的缺失。

2. 文化的移植策略

为了保持源语中的文化内涵,译者必须在文化的对外移植中积极创造条件,维持源语和目的语之间的文化平衡,既要顾及受众的接受能力,再现源语的文化信息,也要深入挖掘源语的"文化味",在目的语中再现传统文化意蕴。译者要在翻译实践中不断探索,寻求适当的移植策略以跨越源语与目的语之间的文化鸿沟。

由于汉语与英语中的文化符号在很多情况下会出现语码空缺,即在跨文化交际语境中不是所有的具有特色文化情味的文化符号在目的语中都可以找到与之相对应的名称来代替,这就要求译者在翻译这些文化符号的实践活动中根据文化符号的等值与否,采取对等移植、阐释移植、替代移植等多种文化移植策略,从而尽力在目的语中保持原文化意象或文化符号的"文化味"。

2.1 对等移植

在文化词汇的翻译中,译者应在充分理解源语和目的语文化内涵的基础上努力达到文化对等。文化对等能引起译作读者与原文读者类似的感受,同时又不丢失源语的文化色彩,强调目的语与源语在文化的表达形式和文化内涵上达成完全相同或某种近似的理解。文化对等移植策略是指在目的语文化中可以找到与源语文化相同或相似的表达。这种对等不仅仅要求源语与目的语在形式上的对等,还应争取源语与目的语在"文化味"上的最大等值。

"茶壶"作为中国茶文化中的一个标志性的物质文化符号,指的是一种用于泡茶和斟茶的带嘴容器,主要由壶盖、壶身、壶底和圈足四部分组成。茶壶有许多样式,如瓜形、鼓形、梅花形和栗子形等,按照客人的数目可细分为二人罐、三人罐和四人罐等,其质地和色泽也有多种分类。在英语中,"茶壶"一词可以找到对应的英文名称 teapot。随着科技的发展和时代的进步,国内外设计师融入了现代和传统两种元素,茶壶的设计呈现出千奇百怪的形态。但无论外观和质地如何变化,国外的 teapot 与中国的"茶壶"作为泡茶和斟茶的器皿这一功能并未改变,因此,在翻译过程中可以直接采取对等移植的策略。在具体的文化语境中,"茶壶"一词可能具备了特定的文化情感,正所谓"意向可以寓于隐喻之中"。例如,小偷溜进了别人的房间想要窃取珠宝,突然听到了房间外有说话声。此时此刻,他的一颗心就像"装着沸腾的水的茶壶"(a teapot with boiling water)。在这个情境中,"茶壶"不再是客观存在的实物,它已经被赋予了隐含的意义。在受众的认知中,"装着沸腾的水的茶壶"实际上是指小偷由于心虚,一颗心七上八下,如果被译为his mind is in a turmoil,反而不如字面上直译看上去形象生动。按照源语进行对等移植,受众亦可以根据具体的文化语境把握词汇所要表达的含义。

### 2.2 阐释移植

"阐释"即阐明、陈述并解释。文化的"阐释移植"是指源语和目的语存在文化空白,译者通过解释源语中文化现象的含义,转换源语的表达形式,通过增加文化信息注释等手段来阐释源语的文化意义。阐释移植后产生的翻译使文化含量较高的文学作品在另一种语言和文化语境下获得持续的生命,或者说"来世生命"。

在中国的旧社会中,出现过一种婚姻风俗——童养媳。在阐释移植过程中,有些译者将"童养媳"译为 child bride。然而,中国的"童养媳"有别于东南亚及阿拉伯国家极为盛行的"童婚"现象。如果译为 child bride,国外受众可能会产生误解,将"童养媳"风俗与"童婚"现象混为一谈。笔者认为,将其译为 somebody adopted a girl for her/his son as the future-wife 更为合适,这样能使目的语更贴近源语中的文化含义,从而消除歧义。

对文化负载词的阐释移植体现了译者对文化差异的认可,以及对异域文化的尊重,有利于宣传源语国家的文化。然而,在大多数情况下,文化负载词传递的文化意向和其所蕴含的内涵并不一致。在这种情形下,考虑到受众很难融入源语的世界,译者需要对文化词汇进行比较到位的阐释,从而保障源语文化的完整性,使目的语能够让受众毫无障碍地接受。

### 2.3 替代移植

文化替代移植策略是指在目的语与源语文化不对等的情况下,通过寻求与源语相适应的表达,从而解决目的语中的文化空缺难题。在这种情形下,文化的移植不求对等,而求合适。替代移植主要是译者以目的语文化为依托,将目的语文化中负载的具有类似意义的词汇替代源语,而这种替代词的替换主要是在源语与目的语语场平位的情况下进行的,可以避免词汇在概念表达中产生歧义。

中国有句歇后语叫作"见了猫就怕——胆小如鼠","胆小如鼠"含贬义,形容胆子小得像老鼠那样,遇事畏首畏尾。但在英文翻译中,"胆小如鼠"并未按照实际意象被译为 as timid as a mouse，而是被译为 as timid as a rabbit。在西方文化中，兔子是胆小的象征，"胆小如鼠"在对外移植中并未采用"鼠"这一意象，而是采用了"兔子"这一意象，使英语国家的受众更能体会胆小怕事、畏首畏尾的程度。通过文化间的沟通，利用目的语中相似表达替代源语的套译形式，既可以弥补文化空缺，还可以更好地向受众传达文化含义，从而使跨文化交流进行得更顺利。

### 三、文化移植中的译者介入

文化的内在差异是造成文化移植中出现"变味"的主要因素，顺畅的跨文化交流离不开译者在文化情境中的"登场"，也离不开灵活的翻译策略。译者"登场"是指在尊重原文内容和风格的同时，充分发挥译者的主观能动性。

译者要以文化传播为翻译活动的目的，从对文化的忠实度和受众接受能力审视自身的使命感，协调文化间的差异，制订相适应的文化翻译策略。文化翻译策略的制约因素不少，但最主要的因素有译者的文化背景、翻译的目的和任务及译本的目标读者等。

文化在对外移植过程中，要想摆脱文化差异的束缚，达到相对忠实的移植效果，需要译者扮演好中介人的角色，具备较高的文化理解能力，充分解读特定的文化语境下源语中文化负载词及特色文化符号所蕴含的字面意义和深层文化含义，兼顾受众的接受能力，采取多元化的文化移植策略，使源语文化在目的语的文化土壤中仍可生存。

翻译不仅仅是两种语言的转换，也是两种文化之间的互动和交流。在中国文化对外传播的过程中，对翻译的定位已经远远超越了简单的文字转码，译者在文化传播过程中扮演着语言的翻译者和文化的协调者两大角色。如果为了语用层面的交际效果而牺牲了源语中的文化色彩，这无异于减损了世界范围内的文化多样性。

作为对外宣传的重要手段之一，翻译的最终目的是让受众理解目的语的呈现方式和倾听源语中的文化声音，这就要求译者灵活地掌握语言的表达技能，理解目的语与源语间存在的巨大文化差异，从语言和文化的双重视角出发，正确把握源语的内在含义和所蕴含的"文化味"，采用对等移植、阐释移植和替代移植等多种策略，使文化在移植过程中既可传情也可达意。

## 第四节 汉译英过程中文化符号的移植①

文化符号的移植是指一个地域所固有的特色文化符号随媒介有目的地或者无目的地传递到另一个地域。所谓"移植"就是用目的语来表达这些具有民族文化色彩的事物。

在文化符号碰撞的过程中,译者作为文化对外传播的使者,面对异族文化差异所带来的种种阻碍,在翻译过程中对某些文化符号的移植并未达到出色的效果。关于"文化符号",许多学者对中国传统文化符号的传播意义和传播现状多有研究。王丽雅通过研究中国文化符号在海外的传播现状分析了各国对中国文化符号的认知度和好感度。② 在全球化的背景下,中国传统文化符号走出国门,迈向世界,传统文化符号的翻译成为一个新的话题,李小华、延辉从文化符号学的角度分析龙、凤凰、麒麟的含义,提出用拼音加注的翻译方法保留文化符号的真实内涵。③ 单雅波提出在翻译文化符号时,译者要重视中国文化元素、文化心理等多种因素。④ 然而,关于具体类型的文化符号的移植方式或翻译手段,以及在特定文化语境下文化符号翻译要达成的效果,之前的学者鲜有研究。本节在前人研究的基础上对文化符号的类型进行划分,指出文化符号的移植要符合特定文化语境中所表达的文化含义,提出对等平行移植、缺位替代移植、阐释化解移植、补偿变通移植四种文化符号的移植方式,并探讨移植要达到怎样的效果。

### 一、文化符号的概念与类型

学界对于文化这种人文现象的结构划分和剖析众说纷纭。陆自荣、潘攀对文化整合的象征性规制进行分类,根据观念的不同将其分为神灵规制、良知规制和习俗规制等。⑤ 张岱年、方克立提到,"关于文化结构,有物质文化与精神文化两分说,物质、制度、精神三层次说,物质、制度、风俗习惯、思

---

① 刊载于张广花,李建军. 汉译英过程中文化符号的移植. 浙江海洋大学学报,2016(6):93-97.
② 王丽雅. 中国文化符号在海外传播现状初探. 国际新闻界,2013(5):74-83.
③ 李小华,延辉. 跨文化交流中文化符号的翻译——从龙、凤凰、麒麟的英译说起. 青岛科技大学学报(社会科学版),2007(3):111-114.
④ 单雅波. 中国电影国际传播背景下文化符号的翻译. 吉林省教育学院学报,2015(10):100-101.
⑤ 陆自荣,潘攀. 象征性规制:文化整合的实质. 湖南科技大学学报,2012(1):39.

想与价值四层次说,物质、社会关系、精神、艺术、语言符号、风俗习惯六大子系统说,等等"①。刘宓庆将作为社会系统主要分支之一的文化系统结构细分为四个层次,即物质形态层、典章制度层、行为习俗层、心理(或心智)活动层。② 本节认为典章制度和行为习俗都具有一定的社会规约性,可以笼统地理解为"规制性文化",而包括精神财富创造活动在内的"心理(或心智)活动层",从文化心理结构和文化观念的角度理解,可以将其大致概括为"观念文化"。因此,本书所提到的文化符号主要是物质文化符号、规制文化符号和观念文化符号。

"物质文化符号"这一概念主要来源于刘宓庆所划分的"物质形态层",是指中华民族在生存、发展过程中所创造出的与人类衣食住行息息相关且具有独特人文性质的物质符号代表,如京杭大运河、赵州桥、清明上河图、少数民族服饰等。

"规制文化符号"指人类在文化社会发展过程中为维护社会安定而创立的非物态文化符号,包括成文规范、不成文规范、机构、体制等等。社会文化规制与所在的文化环境中的传统观念紧密相关,并影响着该文化环境下人们的文化行为。

"观念文化符号"离不开人们抽象的传统观念,不同文化背景的人对于同一事物的看法不一致,必然会产生不同的表达方式。因此,观念文化与人们长期生活的文化环境息息相关,是受感知能力、情感、审美、思维方式、心理结构等多重因素影响所形成的特殊的文化心理倾向。

## 二、文化符号的"异味移植"

翻译过程中文化符号的"移植"是指将源语的文化符号移入目的语中,并保证源语的文化符号含义在目的语的文化环境下能够正常运行。由于源语文化环境与目的语文化环境存在巨大差异,翻译文化符号时会经常出现文化含义"变味儿"的现象。

在源语与目的语的转换过程中,按照对"文化味"的保留标准,文化符号的移植应该分为两种:"原味移植"和"异味移植"。文化符号的"异味移植"是指翻译时一味地追求源语与目的语在形式上的绝对对等,不惜改变源语

---

① 张岱年,方克立. 中国文化概论. 北京:北京师范大学出版社,1994:18.
② 刘宓庆. 文化翻译论纲. 北京:中国对外翻译出版公司,2007:30-37.

的"文化含义",导致该文化符号在其所处的文化语境中"变味儿",其原有的意义、作用或性质发生明显变化,甚至使目的语的字面意义产生偏离。如果在文化符号的对外移植过程中频繁出现"异味移植",那么文化符号自身的含义在目的语中就显得不伦不类,文化间的交流也不能顺利进行。

### 三、文化符号的"原味移植"

与"异味移植"相反,文化符号的"原味移植"是指译者在翻译中可以任意改变源语的形式,但是要尽可能地保留源语中的"文化味",即保留源语所表达的文化含义。所谓文化符号的"原味",是指文化符号本身特有的"味道",译者应尽量保留原作的"风姿"。在源语与目的语国家的文化交流中,保留文化符号自身的"味道"对双方文化的理解、接受是极为重要的。本小节根据文化符号在移植过程中"形式"与"味道"的对等与否,将"原味移植"细分为以下四种移植方式:对等平行移植、缺位替代移植、阐释化解移植、补偿变通移植。

1. 对等平行移植

文化符号的"对等平行移植"是在文化符号基本等值的情况下进行的,即源语和目的语中存在相同的或者相似的表达。这种"对等平行"要求该文化符号的源语与目的语不仅在语言形式上具有相似性,还应具有语境效果的相似性。汉译英过程中,译者在解析文化符号所蕴含的文化信息时,首先要考虑目的语中是否已经存在相似的文化表达方式,且此种表达可以超越时间和空间的限制,然后再进行对等平行移植。

"碗"作为中国物质文化符号之一,在中国的餐饮文化中拥有绵延至今的文明发展史。在漫长的历史发展进程中,"碗"的形状、材质、名称(茶碗、饭碗等)也在不断变化,但其作为"盛放饮食的器皿"这一主要功能始终保持不变。"碗"在英语中可以找到与之相对应的表达 bowl,bowl 在开口大小、容量深浅、制作材质上与中国的"碗"稍有差异,但其功能是相似的,都是"盛放饮食的器皿"。在这种情况下,中国的"碗"可以直接移植为 bowl。但在交际语中,"碗"可能具备特殊的文化内涵,例如妻子正在厨房洗碗,与丈夫就某话题发生争执,丈夫想停止争执,对妻子说:"洗你的碗吧!"在这里,"碗"不仅仅是物质意义上的"碗",在夫妇双方的认知观念中,"洗你的碗"指的是"做好你的事,不要管我"的意思,译者在翻译过程中没有必要将其译为 do your own thing, and stay out of my business，而是在特定的语境中按源语语言形式"平行移植"为 just wash your bowl，受众根据特殊的语境可以猜测出其中隐含的语义，这样的移植方式亦可以达到源语境所要表达的效果。

2. 缺位替代移植

汉译英过程中文化符号的"缺位替代移植"主要发生在文化符号不等值，即在目的语中存在"缺位"的情况中，译者寻找适合的表达对源语进行"替代"。在文化符号"缺位"的情形下，源语和目的语之间的转换不仅仅体现在语言代码的转化上，更为重要的是异族文化间以翻译为媒介的对话，译者在文化符号的"替代移植"中承担着塑造本土文化身份的使命。

以中国观念文化符号中的"虎"为例，这一意象在英语国家中可以找到相同的表达来替代，即 tiger。但是，"虎"作为中国传统文化中重要的图腾之一，象征着无尽的力量和至高无上的权力。中国的虎文化源远流长，渗透在文学、艺术等多个领域。而不同的是，在英语国家的文化观念中，狮子是百兽之王，象征着勇猛无敌的力量、统一寰宇及至高无上的权力，甚至欧洲有些贵族用狮子作为本族的象征。汉语中的"拦路虎"一词在俗语中旧指拦路打劫的土匪，在现代汉语中意义有所延伸，指前进道路中遇到的障碍或困难。译者在翻译"拦路虎"时并未采用"虎"这一意象，而是采用了"狮子"这一意象，译为 a lion in the way，以 lion 替代 tiger，使英语国家受众更能想象和体会困难的程度之深。

中国规制文化符号中"缺位替代移植"表现得最为明显的就是对亲戚的称谓。中国家庭伦理关系极为复杂，且不同"辈分"间的称谓有着严格的规定，例如姑嫂关系中的"大姑子""小姑子"，分别代表"丈夫的姐姐""丈夫的妹妹"，并不是字面上所理解的"姑姑""姑妈""姑母"。但英文中并没有与之等值的称谓，产生了"缺位"。译者可以在移植时以 sister 为中心词，按照法律上的既定关系译将其为 sister-in-law，该词不仅仅可以替代丈夫的姐妹，甚至还包括妻子的姐妹（大姨子、小姨子）。国外受众如果想要搞清楚人物之间的真实关系，需要分析具体语境中的人物身份。例如，弟弟作为第三者进行陈述："姐姐与小姑子的关系比亲姐妹还要好。"("My elder sister and her younger sister-in-law get along better than real sisters.")很明显，通过人物的性别和词语自身的暗示，可以猜测出 younger sister-in-law 具体指的是"丈夫的妹妹"，即"小姑子"。

3. 阐释化解移植

文化符号的"阐释化解移植"是在源语与目的语完全不等值的情况下进行的,即源语与目的语产生文化"空白",这就需要译者采用翻译策略传达源语中所蕴含的文化信息,通过改变语言表达形式,或增加注解,使源语的文化意义完整地表达出来。"阐释化解移植"方式虽然对源语的结构有较大改动,但这种不得已而为之的"化解"在文化符号完全不等值的情况下,也是必要的。

"绿头牌"作为中国清朝时期物质文化符号的代表之一,是清代传统特色宫廷器具,也称为"绿头签",因牌头为绿色而得名。清宫选拔秀女之时,会在"绿头牌"上书写该秀女所属的旗籍、秀女本人年岁、父名及父亲官职等内容。秀女若被皇上看中,就会被留牌子、赐香囊,要是没被看中,就会被撂牌子赐花。所谓"留牌子"和"撂牌子"中的"牌子"是客观存在的实物,在英语中能够用来表达"牌子"的词语有很多,例如 sign(指示牌)、brand(商标;品牌)、board(木板)等,但没有一个词能生动地表现出"牌子"一词在选秀中的作用和"牌子"本身丰富的文化内涵。

译者在汉译英过程中不能仅仅将"绿头牌"直译为 green card,相反,要把"留牌子"和"撂牌子"放在具体的文化语境中去分析。例如美版《甄嬛传》第一集里沈眉庄获选秀女时太监的台词"沈眉庄留牌子,赐香囊"("Shen Meizhuang is selected. Bestow the sachet."),以及其他秀女落选时的台词"撂牌子,赐花"("You are passed over. Bestow the flower.")。根据"绿头牌"所表达的文化内涵,将其译为 be selected 或 be passed over,这种通过"阐释"进行"化解"的移植方式不仅将原句意思表达得更为清晰明了,还能让不懂清代宫廷制度的国外受众融入该特色文化词所存在的文化语境。

与"绿头牌"性质较为相似的是"旗头"。"旗头"是清朝女子的传统发髻,也被称为"大京样",是清代女子风韵的象征,也是满族物质文化符号的代表意象之一。在进行文化符号移植的过程中,如果译者并未联系实物所指的内涵意义,而仅根据文字本身将其理解成为"旗的头",一味地翻译为 flag head 或 the top of flag,这样望文生义的译法很容易让国外受众误解或是不知所云。实际上,"旗头"不仅仅是一种单一的盘发髻形式,它还与珠宝首饰相搭配发展成满族女子的流行发饰之一,根据其文化意义阐释为 Manchurian headdress 更接近其原有的文化内涵,使这一文化符号的所属民族、物质属性和文化意义一目了然。

4. 补偿变通移植

汉译英过程中,文化符号的对外移植,有时会出现效果失真或者是受损的现象,导致源语与目的语所表达的含义相差甚远。"补偿"不仅仅要弥补译文声音效果、修辞效果和美感效果的不足,还要弥补译文"语义"和"文化味"受损导致的不足。这种情形下,需要译者对失真或者受损的文化信息、文化含义进行"补偿",并且在必要时为传达原文化符号的特殊含义在移植时进行"变通"。只要"释义"或"变通"是为了再现原文语言效果及传达言外之意,就可被归为补偿。

许多交际场合中,说话人需要运用委婉语隐晦地传达忌讳的说法或者表达含蓄的尊敬,在翻译委婉语时,译者不仅不能让译文和源语失真,还需要向受众重现源语的实际含义,这就需要译者采用"补偿变通移植"这一方式。例如,"百年之后"一词在不考虑具体文化语境的情况下,从词义本身可以理解为"一百年之后"(a hundred years later)。但放在特定的文化语境中,该短语含义就会发生变化,在翻译时需要进行文化移植,试对比以下两句话:①想不到百年之后,这棵树仍旧活着;②祖父的想法是,人百年之后应该要落叶归根。很明显句子②中的"百年之后"是一个偏正式短语,在中国传统观念中是表示死亡的讳称。翻译句子②中的"百年之后"需要对文化的意义进行解读,剖析其所含的文化信息,并考虑受众的心理倾向,采用"补偿变通移植"的方式将其译为 when one has passed away。这一翻译不仅很委婉地指出"祖父去世"这一事实,也使整个句子所表达的意思更有逻辑地衔接起来,消除了受众在理解上的障碍。

综上所述,中西文化的差异是汉译英过程中文化符号对外移植的一大障碍,而文化语境则决定了文化符号移植的角度和方式。除了厘清原文目的之外,译者还应斟酌语境对翻译得失的影响,因此,要回答"汉译英过程中文化符号如何移植"这一问题,译者就需要在翻译过程中掌握充分的文化理据,然后对文化符号所表达的特殊意义进行论证,移植过程中既要重视文化符号所包含的意义,也不能忽视其自身所寄托的文化情感。文化符号的翻译不仅仅是翻译文化的表层信息,更重要的是要翻译其所容载的文化内涵和文化情感,传递特定的文化烙印。

文化符号的移植受到文化语境的制约。汉译英过程中的文化符号移植所要达到的效果必须考虑到文化符号自身所蕴含的文化内涵是否得到忠实的移植，同时又要兼顾国外受众的接受能力。考虑到文化符号所存在的特定语境，译者要充分把握文化意象、了解文化意境，尽可能"原汁原味"地展现原文化符号的特有内涵，提升文化信息感染力。通过运用对等平行移植、缺位替代移植、阐释化解移植、补偿变通移植四种移植方式，译者不仅要移植文化含义，还要尽可能保留原文化符号的"文化味"，使文化符号的对外移植更为贴切、自然。

整个文化符号系统都处在嬗变与改造中，传统文化符号也会呈现出新的特点及意义。在开放的社会状态下，文化符号的对外移植成为一个相对稳定的中外交流载体。中国传统物质文化符号、规制文化符号、观念文化符号也会在文化态度、思维模式等方面赋予英语国家以深刻的中国文化内涵。要实现理想的文化符号移植，对于拥有不同文化背景的译者来说仍然任重而道远。译者应在翻译实践中综合各种翻译技巧，利用多种移植方式，弥补其他民族对中华文化的"心态空白"和"文化储备空白"，使中国本土文化能够更加顺利地走向世界。

# 第八章
# 文化翻译的阐释性理解过滤

文化无处不在，覆盖社会生活的方方面面。不同民族间不仅有经验的交流，也有商业的竞争，还有文化上的较量。文化最大的特点就是独特性，一种文化与另一种文化之间共性少而差异大，这也是造成跨文化交流的障碍和隔膜的原因所在。

涉及文化的翻译需要译者的深度参与，译者既要了解和熟悉原文文化的渊源、内涵，又要深知两种文化的差异，还要找到合理恰当的译文表达，不至于让翻译信息出现偏误，又能让译文读者易于理解。译者要充当过滤器的角色，透过原文的表象看清其本质内涵，做到辨"真"去"伪"，探"虚"求"实"，知"显"明"隐"，舍"形"取"义"。

## 第一节　理解过滤之"虚"与"实"

字面意思有时与其内涵存在很大差异，即表"虚"里"实"。在跨语言文化翻译过程中，译者应该进行理解过滤，辨析"虚"与"实"，采用恰当的方式来进行合理阐释。例如，我们看到汉语中的"宫殿"，便马上联想到英语单词 palace。其实，在中国文化中，"宫"与"殿"各有其表，"宫"是生活区，"殿"是工作区。故宫里的不同场所功能各异，例如"太和殿""勤政殿"等都是聚会议事、接待宾客的办公场所，此处的"殿"与英语的 hall（大厅）对应；"雍和宫""坤宁宫"等都是皇室亲眷的生活场所，相当于英语中的 luxurious residency 或者 mansion。另外，在中国还有一种佛教活动场所——"大雄宝殿"，其常见的译文是 main palace in a temple。其实,此处的"殿"也是一个大厅,因此译为 the main hall in a Buddhist temple 更为妥帖。

## 一、英汉对应的"虚"与"实"

在英汉语言中,有很多似是而非的表达。人们不能简单地通过语言的字面来获取其真实的含义,但可以通过对事物的了解来推知其中的内涵(见表 7-1、表 7-2)。

表 7-1  英语概念名词的是与非

| 英语名称 | 英语释义 | 汉语非义 | 汉语实义 |
| --- | --- | --- | --- |
| coffee cooler | a petty crook or opportunist | 咖啡冷饮 | 讨女人欢心的男人;投机取巧者 |
| hand money | money paid in hand to bind a contract | 手头的钱 | 定金,保证金 |
| donkey's breakfast | a straw mattress | 驴的早餐 | 草垫 |
| night cart | a cart for removing night soil | 夜车 | 粪车 |
| fish story | an extravagant or incredible story | 鱼故事 | 吹牛,说大话 |
| cold call | a telephone call soliciting business made directly to a potential customer without prior contact or without a lead | 冷电话 | 推销电话 |
| pig head | an incredibly stubborn, narrow-minded, and often foolish person | 猪头 | 顽固的人 |

表 7-2  汉语概念名词的是与非

| 汉语名称 | 汉语释义 | 英语非义 | 英语实义 |
| --- | --- | --- | --- |
| 饭桶 | 装米饭的桶,比喻只会吃饭、不会做事的无用之人 | rice container | good for nothing |
| 泰山 | 中国五大名山之一,常用来比喻敬仰的人,或喻指重大、宝贵的事物 | Mount Taishan | admired people or very important thing |
| 校花 | 全校最漂亮的女学生 | school flower | school beauty |
| 红白喜事 | 婚事与丧事等人生大事,红事指结婚的喜事,白事指人去世所办的丧事 | red and white happy events | weddings and funerals |
| 铁饭碗 | 铁制的饭碗,比喻非常稳固的工作 | iron rice bowl; unbreakable rice bowl | a never-unemployed job |

续表

| 汉语名称 | 汉语释义 | 英语非义 | 英语实义 |
|---|---|---|---|
| 吃豆腐 | 因想自占便宜或使人难堪而戏谑他人(多为妇女) | eat tofu | make fun of sb. (usually a woman) |
| 榆木脑袋 | 用很硬的榆树根做的脑袋,比喻顽固不化的人 | elm head | a stubborn/self-willed man |
| 大专生 | 受过专科院校教育的毕业生 | professional students | non-degree college students |

英汉语言中这种似是而非的例子还有很多,在翻译转换的时候,译者不能被其字面意思所蒙蔽,否则很容易造成误解、误译。

## 二、面对"虚"与"实"的应对策略

在英汉翻译转换中,译者应过滤性地理解原文的文化信息,解读原文的意思内涵,辨别字面的"虚"和内涵的"实",采用恰当的方式去展示真实的文化信息,做到辨"虚"求"实",避"虚"就"实"和解"虚"固"实"。

### 2.1 辨"虚"求"实"

译者在从事翻译活动时,要通过查阅词典或者资料对文化负载词进行辨识,完成正确的理解,得到真实的内涵意义,为寻求恰当的译文表达打好基础。

例1:

【原文】Bowman described the speakeasy's atmosphere as dark and intimate.

【译文】鲍曼将地下酒吧的气氛描述为黑暗而亲密。

speakeasy 指非法销售烈性酒的场所,尤指在美国禁酒令期间非法销售烈性酒的酒吧,并非字面意思"说得容易"。汉语习惯用"地下"形容非法经营场所,如"地下钱庄""地下赌场"等,因此该译例表达为"地下酒吧"比较恰当。

例2:

【原文】程朝奉只得忍气吞声,不敢回答一句。又害那赵孝打了屈棒,免不得与金朝奉共出些遮羞钱与他,尚自喃喃呐呐的怨恨,这教做

"赔了夫人又折兵",各自散讫。

【译文】Mr. Cheng, who was a proprieties official, had to swallow his anger and dared not to give a single reply, which made Zhao Xiao be wronged to received a good beating. He would have to offer some money with Mr. Jin who was also a proprieties official to cover the shame. He couldn't help murmuring some complaints and parted from one another. This was called a double loss to suffer.

此例中的"朝奉"是中国古代隶属于礼部的官职,无实权,主要职责是引领诸侯臣子觐见皇帝,在英语中可以表达为 proprieties official(礼仪官)或者 ushering official(引介官员)。"赔了夫人又折兵"源于古典小说《三国演义》,被用来比喻不但便宜没有占到,反而遭受损失。从字面意思来看,这与英语中的 throw the helve after the hatchet(丢了斧头又失去了柄)或者 throw good money after bad(为补偿损失反而损失了更多)相似,但英语俗语和汉语俗语在内涵上还是存在一定的差别。因此,将"赔了夫人又折兵"意译为 suffer a double loss 比较妥帖。

2.2 避"虚"就"实"

在文化翻译中,译者要充当过滤器的角色,充分利用文化知识对原文进行理解过滤,革除虚假的意思,找出真实的内涵,以避免因理解错误而导致表达不当,传递错误的文化信息,误导读者。

例3:
【原文】北宋的苏东坡可是一代风流人物。
【译文1】Su Dongpo was a gallant in the Northern Song dynasty.
【译文2】Su Dongpo was a romantic figure in the Northern Song dynasty.
【译文3】Su Dongpo was a remarkable writer in the Northern Song dynasty.

汉语中的"风流人物"是指很有才学而又洒脱不拘的才子,或者对一个时代有影响、有贡献的人物,与英语中的 remarkable people 或者 celebrities

的意思相近。如果用英语中的 gallant 来表达"风流人物"就歪曲了其内涵意义,因为 gallant 在英语中意为"非常在意自己的衣着和外表的男人",或者"为求爱而追求女人的男人"。因此,"风流人物"与 gallant 和 romantic figure 只是假性等值。

2.3 解"虚"固"实"

在翻译过程中,译者要透过原文的字面表达,找到其准确内涵,然后寻求合适的表达方式。例如,汉语中若要表示"解雇某人"的含义,往往用"卷铺盖走人"或者"炒鱿鱼"等说法。在过去,受雇的人出于某种原因被老板辞退,在接到通知后卷起自带的被褥铺盖走人。由于人们对开除和解雇之类的词语比较敏感,因而常常用"卷铺盖"来加以代替。在广东等沿海地区,"炒鱿鱼"这道菜品备受喜爱,人们发现在烹炒鱿鱼时,鱼片会慢慢由平直变成卷曲的圆筒状,便联想到"卷铺盖",后来有人就借用"炒鱿鱼"代替"卷铺盖走人"来表示被辞退。"炒鱿鱼"作为菜品时的对应英文表达是 fried squid,但如果表示"被辞退"时还用 fried squid 就明显不妥。要表示"被辞退"的含义时,可以套用英语中表示技艺学徒学成离开、自谋生路的习惯表达 give someone the axe(开除、解雇),或者是借用 to be fired 来准确地表达其内涵意义,以免导致误解。

例4:

【原文】她不是鲁镇人。有一年的冬初,四叔家里要换女工,做中人的卫老婆子带她进来了,头上扎着白头绳,乌裙,蓝夹袄,月白背心,年纪大约二十六七,脸色青黄,但两颊却还是红的。

【译文1】She was not from Luzhen. Early one winter, when my uncle's family wanted a new maid, Old Mrs. Wei the go-between brought her along. She had a white band round her hair and was wearing a black skirt, blue jacket, and pale green bodice. Her age was about twenty-six, and though her face was sallow, her cheeks were red.

【译文2】She was not a native of Luzhen. Early one winter, when my uncle's family wanted a new maid, the go-between Granny Wei brought her along. She had a white mourning cord round her hair and was wearing a dark gray apron, blue jacket, and pale green sleeveless cotton coat__. Her age was about twenty-six, and her cheeks were fair blush though she was in malnourished sallow look.

原文源自鲁迅的作品《祝福》，其中"卫老婆子""白头绳""乌裙""背心"等表达都有丰富的文化内涵。首先，"卫老婆子"体现了中国文化中的家族文化内涵。在中国，出嫁女子的姓氏很重要，而名字通常被忽略，在族谱中，女子死后的墓碑上往往都只留下姓氏，如"张母王氏"等。而在西方社会里，女子结婚前跟随父亲姓氏，结婚后跟随丈夫姓氏，因此英语中 Miss Williams 和 Mrs. Williams 有差异。Miss Williams 中的 Williams 是结婚前的娘家父亲姓氏，Mrs. Williams 中的 Williams 是结婚后的丈夫姓氏。此译例中的"卫老婆子"中的"卫"就是该女子的娘家姓氏，而不是夫家姓氏，因此译文 1 的英文表达 Old Mrs. Wei 误将其娘家姓氏"卫"理解成夫家姓氏，译文 2 表达为 Granny Wei 比较恰当。

其次，"白头绳"体现了中国古代传统中女子在丈夫去世后要像其儿女一样戴孝的习俗。白色是中国传统中的"丧色"。而在西方社会里，女子在丈夫去世后也有表示哀悼的习俗，但其标志性"丧色"是黑色，比如有 black widow（黑寡妇）的说法，而白色是纯洁的象征。译文 1 中的 white band 忽视了英汉文化中"丧色"的差异性，另外 band 的使用也没能表达出祥林嫂的贫寒境况。译文 2 表达为 white mourning cord，用 mourning 把"服丧""哀悼"的含义表达出来了。

再次，"乌裙"中的"乌"在汉语中表示"深灰色"，即与英语的 dark gray 意思相当。另外，原文中的"裙"并非"裙服"，而是穿在衣服外面防污的"围裙"，译文 1 译成 black skirt 不够准确，译文 2 中 dark gray apron 表达得更为妥当。

最后，此处的"背心"并非与英语中的 bodice、vest、waistcoat 对等。bodice 是"女性束胸紧身衣"；vest 是"穿在外套里面的男士无袖服装"；waistcoat 是"穿在西装里面齐腰的对襟服装（在美国、加拿大和澳大利亚也叫 vest）"。vest 和 waistcoat 都是男性服饰。在中国文化中，"背心"是一种体力劳动者穿的既保暖又不影响胳膊活动的无袖棉袄，译文 2 的表达 sleeveless cotton coat 比较准确，对照英语的 waistcoat 的定义，两者比较相近，因此也可以表达为 waistcoat。

综上所述，在进行文化翻译转换时，译者要进行理解过滤，探明虚实，以传递文化信息为要旨，采用合适恰当的表达方式，准确传递意义，不致偏误。

## 第二节　理解过滤之"知"与"明"

最近笔者看到一则视频，一位记者在街头采访，提问"一个时辰是多长时间"。视频中记者问了10多个人，有回答"1天""半小时""1小时""15分钟"的，可惜没有一个人给出"2小时"的正确回答。

在古代，中国人以天干地支来记录时间，如对每天24小时分别用十二地支来记时，每2个小时为一个时辰，如"午时"表示11：00—13：00。笔者想，如果让接受采访的这些人来做翻译，在翻译"一个时辰"时会表达成什么？这里涉及中国古代的计时单位"时辰"，属于中国传统文化。不知则懵，言必乱，译必错；知则明，言能正，译能准。

同一个事物在不同文化中可能具有不同的意义内涵。例如，"打喷嚏"在中国文化和西方文化中有不同的联想。在中国，在公共场所打喷嚏往往让人觉得比较尴尬，为了化解尴尬的境况，旁边的人往往会逗趣地说"有人想你了"，因此"打喷嚏"通常会被看作"被思念的征兆"。而在西方社会，人们看到别人打喷嚏，往往会有"感冒的征兆"的联想，因此常常会说god bless you(上帝保佑你)。

从事文化翻译的基础是懂文化、知文化和识文化，只有这样才能找到正确的翻译原则、方式和方法来处理文化信息。

### 一、知"显"明"义"

知"显"明"义"是指在翻译过程中，译者不可被字面意思所迷惑，要了解文化的"隐"与"显"，只有具备文化翻译的意识，才能选择恰当的方式方法来传递准确的含义。

只要涉及跨语言翻译必然会涉及文化，只不过文化有时候是显性的，即从表面就能看到文化的影子，有时是隐性的，即需要深入了解才能探知文化的内涵。在翻译过程中，只有熟知文化现象，了解文化之间的差异，让文化处于显性状态，才能准确传递文化含义。

显性的文化主要是指那些从表面就能明显看出文化印迹的语言表达，特别是在一种文化中存在，而在另一种文化中处于对应缺位的文化现象。熟知这种显性的文化，我们就能有相应的应对策略和方法。

例 5：

【原文】我的名字你不会<u>写</u>。

【译文 1】You can't <u>write out</u> my name.

【译文 2】You can't <u>spell out</u> my name.

汉字是由笔画构成方块字体的表意文字，观形而得义，因此汉语中叫"写字"；英文是由字母的横向添加构成的拼音文字，读音而知形，因此英语中叫 word spelling（拼写）。译文 1 体现了汉字的文化特色，但译文 2 更容易让英语读者看懂。

隐性的文化主要是指那些根植于民族习俗和观念中的文化，往往需要透过习俗观念去探知，并要求译者在"知"的基础上进行合理而恰当的阐释。比如，在英语文化中要表示性别，用 male 和 female 都可以，不区分是人还是动物，既可以说 a male/female dog（公狗/母狗），也可以说 a male/female guest（男宾/女宾）。但西方人重视年龄的界限，此时就不能简单地使用 male 和 female 了。例如，可以说 a man/woman teacher，但一般不说 a male/female teacher，因为在西方人的观念里，从事某种职业必须是具备某种能力的成年人；可以说 a boy/girl friend，但一般不说 a male/female friend，因为在西方人的观念里，恋爱往往发生在年轻的时候。

在汉语文化中，表示性别时需要区分人与动物，但往往忽视年龄的差异，对人用"男"和"女"，比如"男兵""女兵""男朋友""女朋友"；对大型动物用"公"和"母"，比如"公老虎""母老虎""公狗""母狗"；对体格较小的动物或植物一般用"雄"和"雌"，如"雄鸟""雌鸟""雄蕊""雌蕊"。在指称大型动物时也可以用"雄"来表示，因为"雄"还有"强健而有力"的意思，所以也会出现诸如"雄狮"之类的表达。也有出现假借的情况，如在《木兰辞》中有"双兔傍地走，安能辨我是雄雌"的句子。

## 二、知"制"明"度"

知"制"明"度"是指在跨语言文化翻译过程中，译者要知悉两种文化在制度体系和内涵意义上的差异，这样才能把握相应翻译的合适度与准确度。文化往往是规制习俗的灌注，译者要理解文化事物，往往需要深知其内含的规制习俗。请看下例：

例6：

【原文】唐代大诗人李白，字太白，号青莲居士，被后人誉为"诗仙"。

【译文】Li Bai, with his formal name as Li Taibai and alias as "Lotus-love Hermit", was a master poet of the Tang dynasty in China, and he has won his fame as "fairy poet".

此译例中，为了凸显中国人名的文化规制体系，笔者将姓氏全部大写，体现了中国家族制观念。"字"即公开的正式名字（formal name）；"号"即别名，是中国古代官员、学者常用的，相当于英语中的 alias 或者 pen name。

姓名中潜藏着很深的文化，体现出不同国家和民族的规制和体系要求，因而形成了一定的民族差异性。只有知其源，才能有效地观其形，得其意，在翻译表达时能够在一定限度呈现其内涵意义。以英汉姓名的取名习俗和构成规则及其翻译转换为例。

1."知"英汉人名的构成规制

中英姓名有各自的习俗规范和文化内涵。中国人的姓名是姓在前，名在后；而英语人名是名在前，姓在后。

在西方社会，信仰基督教的家庭在小孩出生后往往要将婴儿送到教堂接受洗礼，并由牧师给婴儿取一个教名，这些教名往往源自圣经故事或者古希腊罗马神话故事中的某个人名，也可以是古代名人的名字或者文学名著中的人名。英语人名一般由三个部分组成，即自取名（given name）、教名（Christine name）、姓氏（family name），并按照这个顺序排列。也有把与家庭关系密切者的姓作为第二个名字的情况，还有沿用父辈名的，父子同名的往往在名后缀以 Junior 或者罗马数字 Ⅱ 以示区别。按照习惯，每个名字单词的首字母要大写，书写时，自取名和教名可以采用缩略式，但姓氏必须完整呈现，也可以只缩写教名。

2."遇"姓名的音与形引发的尴尬

在跨语言跨文化交流过程中，由于受到语言中读音规则等方面的影响，加之部分译者缺乏对人名、地名规范的了解，常常会出现一些尴尬的情况。汉语和英语是两种截然不同的语言，有各自的语音、语义和结构体系，也有各自的用语规范和文化内涵。同样的字母，在英语和汉语里的读音完全不同。

例如,汉语姓氏"李"读作 Li,而 Li 的读音按照英语的读音规则读作 lie /laɪ/,所以"李先生"很容易被读作 Mr. Lie。同样,汉语姓氏"戴"读作 Dai,与英语单词 die 同音,"戴先生"很容易被读作 Mr. Die。如此种种,会引来很多尴尬和无奈。

3."明"人名翻译的文化特色彰显

在翻译转化过程中,既要彰显文化,又要简明易懂,还要便利适用。笔者认为,人名应该采用音译,以凸显其指称辨识功能。

人名是用以区别于其他人的唯一专属标志,主要发挥指称与辨识的功能作用,因此在口语和书面语中主要以发音的方式呈现,便于对彼此的辨识。例如,瓦西里(Василий)是典型的俄国人名字;皮埃尔(Pierre)是典型的法国人名字;西蒙(Simon)是典型的英国人名字。

在进行人名翻译时,中国译者习惯采用音译的方式。例如,美国小说作家 Mark Twain 被译作"马克·吐温",英国作家 William Shakespeare 被译作"威廉·莎士比亚"等。但是,有些译者由于不了解原人名的姓与名,也不熟悉缩写的规范,只是按照原名排列顺序进行对译,以 David Hawkes 为例,有译作"大卫·霍克斯"的,也有译作"霍克斯·大卫"的。

在英译汉语人名时,有些学者主张迎合英美人的习惯,采用名在前姓在后的译法,现在这种译法仍见之于不少杂志或者介绍性文本中,例如 Ming Li(李明)、San Zhang(张三)等。

外国的人名翻译都采用音译的方式进行,这在中国学者中已基本达成共识,但在将汉语人名译成英文时却各自为政。笔者认为,在翻译汉语人名时,应该凸显其指称辨识功能,体现口语和书面语的一致性,一律采用音译,而且应该彰显中国的传统规制习惯,特别是人名的排列顺序,将姓氏全部采用英文大写字母来拼写,名字拼音的首字母大写,且在二字名的拼音之间采用连字符连接,以显示中国人名的文化特征,让外国读者一看就知道是中国人的姓名。例如将"杨利伟"译为 Yang Liwei,将"诸葛亮"译作"Zhuge Liang"等。

### 三、知"异"明"技"

知"异"明"技"是指在进行文化翻译时,译者要充分了解两种文化之间的差异,以确定翻译时应用的技巧和方法。只有了解两种文化的表意方式和内涵差异,才能找到合适的应对技巧,表现正确的内涵意义。例如:

例6：

【原文】两边设一对梅花式洋漆小几。左边几上文王鼎匙箸香盒，右边几上汝窑美人觚——觚内插着时鲜花卉。

【译文】At each side, there stood a small plum-blossom-shaped narrow table which was coated with foreign lacquer. A tripod incense box was placed on the left table, and a narrow-waist porcelain vase made in Ruzhou on the right in which some fresh flowers arranged in the vase.

原文是古典小说《红楼梦》中对黛玉初到荣国府，来到王夫人的起居室内所见到的部分室内场景的描写，涉及众多文化词，如"小几""鼎匙箸香盒""美人觚"等。"小几"是小型的条形桌子；"香盒"是用来摆放且可以溢香的香料盒子；"觚"是中国古代的一种盛酒器具，之所以被称为"美人觚"，是因觚上画有美人图案，或者因其器型在中部收紧变细，类似美人的细腰（见图8-1）。

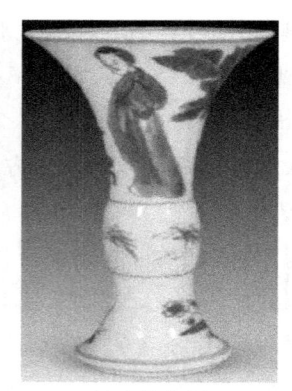

美人觚　　　　　汝窑美人觚

图 8-1　美人觚

杨戴夫妇和霍克斯（David Hawkes）分别将"美人觚"译成 a slender-waisted porcelain vase from the Ruzhou Kiln 和 a narrow-waisted Ru-ware imitation *gu*。关于杨戴译文中的 slender-waisted，外国读者不一定了解花瓶与女人之间的关系，因为古代中国人对美女的审美标准是"杨柳细腰"，很多器物往往参考这种审美标准进行仿制，此处将器物的形状介绍清楚即可。

他们还将"觚"译成了 porcelain vase,恰当而清晰地介绍了器物的质地。霍译用了 narrow-waisted 表达,并不会引起混淆,但其将"觚"用拼音 $gu$ 来表达,没有传达出"汝窑"的瓷器质地,会影响读者对器物文化的理解。

在本译例中,笔者分别将"小几""鼎匙箸香盒""美人觚"表述成了 small narrow table、tripod incense box、narrow-waist porcelain vase,合理化解了相关矛盾,含义的呈现也比较清晰。

综上所述,在翻译过程中,译者要进行理解性阐释过滤。为了译好文化性词语,译者首先要弄清楚其为何物,具有何种文化特点,要表现什么样的含义等,在此基础上再去寻求合理适度的技巧方法,准确地传递出文化的内涵信息。

## 第三节 理解过滤之"取"与"舍"

一种文化进入另一个文化圈,就需要有合理的翻译阐释。然而,合理恰当的阐释离不开译者的正确理解。在翻译过程中,需要译者对原文进行理解性过滤,做出取与舍的选择:是舍点取面,还是舍面取点?是舍形式取内容,还是舍内容取形式?是舍流畅取晦涩,还是舍晦涩取流畅?是舍通俗取"洋味",还是舍"洋味"取通俗?等等。

在过去很长一段时间里,中国的科技实力远远落后于西方国家,因此很多中国人产生了崇洋媚外的心态,这在翻译中表现为忽视本国读者的认知而直接采用西文。例如,在世界贸易中使用的国际资金清算系统 SWIFT (Society for Worldwide Interbank Financial Telecommunications)就被直接引用到汉语中,很多人不知道这是什么,只会跟着说 SWIFT。在翻译过程中,是直接将 SWIFT 搬到汉语中,还是将其译作"国际资金清算系统",需要译者进行取舍。

笔者认为,翻译是为了让读者读懂本来读不懂的东西,因此,通俗易懂是翻译的基本原则,译者在处理文化信息时应该做到合理取舍,包括"舍"形"取"义、"舍"偏"取"正、"舍"害"取"利和"舍"俗"取"雅。

### 一、"舍"形"取"义

"舍"形"取"义是指译者在翻译时透过原文的表面形式而关注其内涵意义,通过放弃其外在形式而萃取其内在含义的方式,准确传递信息,避免偏误。

在文化翻译时,有不少学者认为保持原文的形态就是文化传播,因此出现了大量的直译、音译和原文文字在译文中留存的现象。例如,将英文 bell the cat 直译为"给猫系铃",而不用意义对等的汉语表达"老虎头上搔痒";将汉语"生米煮成熟饭"直译为 to make uncooked rice into cooked rice,而不用意义对等的英文表达 the die is cast 或 what has been done cannot be undone。

其实,在不同文化中,相同的"形"不一定表示相同的"义",相同的"义"也不一定有相同的"形",这就需要译者"舍"形"取"义。

例7:

【例1】道,可道也,非恒道也。名,可名也,非恒名也。

【译文1】The Dao is the Dao, and the Dao is not the eternal Dao. A name can be a name, but it is not a constant name.

【译文2】The natural law can be stated in language, but it can't be taken as the invariable rule. The name can be shown in language, but it can't be taken as the fixed one.

原文是《道德经》中的开篇名句,意思是自然规律可以用语言来进行阐述,但自然规律不是一成不变的;名字和称谓也可以用语言来进行阐述,但也不是一成不变的。这句话体现了事物的变化发展具有原则性,但并非一成不变。

在原文中,第一个"道"是指"自然规律",第二个"道"是指"用言语阐述",第三个"道"是指"规律或者方式"。译文1对原文中的"道"进行了音译保留,译文读者很难理解"道"的真实内涵;译文2将原文的三个"道"分别翻译成了 the natural law、be stated in language、rule,将其内在含义表述了出来,便于读者理解。

例8:

【原文】贾宝玉初试云雨情,刘姥姥一进荣国府

【译文1】Jia Bao-yu Conducts His First Experiment in the Art of

Love, And Grannie Liu Makes Her First Entry into the Rong-Guo Mansion①

【译文 2】Baoyu Has His First Taste of Love, Granny Liu Pays Her First Visit to the Rong Mansion②

这是《红楼梦》第六回回目的两个译本,两位译者的理解和表达有共通之处,即都将"云雨情"译成抽象的 love,但也存在一定的理解差异。汉语中的"云雨情"源于"巫山云雨"这一说法。"巫山云雨"一词源于战国时期宋玉《高唐赋》序中的记述:楚怀王梦见与神女相会,神女说:"妾,巫山之女也","妾在巫山之阳,高丘之阻,旦为朝云,暮为行雨。朝朝暮暮,阳台之下"。③ 在中国古代的原始传说中,国王与神女交合是天地交会,能够兴云降雨,使五谷丰登,国强民富。后来人们借这一传说来喻指男女幽会合欢之事,成为优雅的性描写代名词。然而,在西方社会里,人们认为性爱是人的本能,并不刻意回避,因而在英语里很少见性爱的委婉表达。因此,笔者认为,此处的回目可以译作:

【译文 3】Baoyu Experienced His Initial Love-making with a Maid, The First Visit to the Rong-guo Mansion Granny Liu Paid

## 二、"舍"偏"取"正

"舍"偏"取"正是指译者在翻译过程中舍弃可能导致含义走偏的字面意思,选择可以表达正确含义的翻译方式。在翻译过程中,如果译者过度关注字面,就很容易在理解上走偏走误。

例如,汉语中的"梅香"除了指梅花的香味之外,还能作为女性的名字。在中国古代,大户人家的婢女常被叫作梅香,《水浒传》第五十六回中的两个

---

① Cao, X. Q. *The Story of the Stone*. Hawkes, D. (trans.). London: Penguin Books, 1980: 105.
② Cao, X. Q. & Gao, E. *A Dream of Red Mansions*. Yang, X. Y. & Yang, G. (trans.). Beijing: Foreign Languages Press, 1994: 87.
③ 班固. 汉书. 西安:太白文艺出版社,2006:257.

"梅香"指的就是婢女。如果音译成 Meixiang，就有理解成人名的偏误，如果用英语的 maidservant 就避免了偏误。

例9：
【原文】She was lying on the beach in her birthday suit.
【译文】她赤身裸体地躺在沙滩上。

英语俗语 in one's birthday suit 原指婴儿在出生时是光着身子的，后来人们用其表示"赤身裸体""一丝不挂"的意思。因此 in one's birthday suit 并非意为"穿着生日礼服"，而是"像人出生时那样赤裸着身体"的意思。

例10：
【原文】他没了工作，全家只能喝西北风了。
【译文1】He lost his job, the whole family can only drink the northwest wind.
【译文2】He lost his job, the whole family have to live on air.
【译文3】He lost his job, the whole family have nothing to live on from now on.

汉语中"喝西北风"是指没有东西吃，只能饿肚子，与英语中的 live on air 和 have nothing to live on 的意义相当。译文1可能导致译文读者的不解甚至误解，译文2和译文3都能正确转述原文的含义，但译文3更为通俗。

三、"舍"害"取"利

"舍"害"取"利是指在文化翻译中尽量舍去那些可能产生误解和曲解的翻译表达，而采用那些既能正确表达含义又不会带来负面影响的表达。译者应选取有助于保护民族文化的理解和表达方式，但有时候，一个不经意间的错译就可能伤害到本族文化，造成负面影响。

例11：
【原文】商女不知亡国恨，隔江犹唱后庭花。
【译文】The girl singer knew not the shame and enmity of the

nation be conquered,/She kept praises for the pretty flowers as ever across the river when circled.

在此例中，不少译者对"商女"做出了损害性的理解和表达。有的把"商女"理解为"卖身的女人"，表达为 prostitute；也有的将其理解为"经商的女人"，表达为 businesswoman；还有人将其理解为"商人的女儿"，表达为 the daughter of a businessman。这些理解不仅不正确，而且有损于中国古代的女性形象，是明显的损害性翻译。此处对"商女"的正确理解应该是"为了讨生活而不得不以卖唱为生的女孩"。因此，将商女译成英语 girl singer 或者 singing girl，既能准确地传递含义信息，又能避免造成伤害或者产生不良影响。

四、"舍"俗"取"雅

"舍"俗"取"雅是指译者在翻译中尽量舍弃那些内容低俗、言辞拙劣的表述，而选用内容高雅、语言流畅优美的表述方式，以增强译文的可读性和魅力，吸引读者。例如：

例 12：

【原文】To ask why we fight, is to ask why leaves fall, it is in the nature, perhaps there is a better question, why do we fight to protect home and family, to preserve balance and bring harmony. For my kind, the true question is what is worth fighting for.

【译文1】问我们为什么要战斗，就是问为什么树叶会掉下来，它在大自然中，也许还有一个更好的问题，我们为什么要为保护家园和家人而战斗，以保持平衡和带来和谐。对我来说，真正的问题是什么值得为之奋斗。

【译文2】世人何以征战不休？秋叶何以凋零飘落？天性使然，也许，可以找到更好的理由。我族因何而战？保卫家园卫亲人，守护平衡创和谐。对我们而言，真正的问题是——什么才值得一战！

【译文3】战火为何而燃？秋叶为何而落？天性不可夺。吾辈心中亦有惑，怒拳为谁握？护国安邦惩奸恶，道法自然除心魔，战不休而祸不息，吾辈何以为战？

该译例源于网络游戏《魔兽世界:熊猫人之谜》中的台词。从语言的流畅度和美感来看,译文 3 运用了对仗、押韵等修辞手法,读起来更具有节奏感和顿挫感,在 3 个译文版本中也是受欢迎度最高的。

诗歌是最具民族特色的文学表现形式之一,在翻译诗句时,如果能在意象呈现的基础上,采用诗歌特有的音韵节律,就可以增加语言的审美性。

例 13:

【原文】但愿人长久,千里共婵娟。

【译文 1】We wish each other a long life so as to share the beauty of this graceful moonlight, even though miles apart.

【译文 2】We extend our wishes for a long life to stay, / To share the yearn by moon even far away.

在两个译文中,译文 2 相比译文 1 就更富有美感。再如:

例 14:

【原文】海内存知己,天涯若比邻。

【译文 1】A bosom friend afar brings distance near.

【译文 2】A bosom friend afar, / No distance can bar.

这两个译文中,译文 2 相比译文 1 也更富有美感。

综上所述,在翻译过程中,译者要深度介入对原文的理解,进行必要的理解过滤,根据具体情境,确定形与义的差异,把握偏与正的角度,判断利与害的关系,审视俗与雅的维度,在取与舍之间做出决断,准确传递翻译含义。

# 第九章
# 文化翻译的阐释性表达技巧

人们对文化的认知往往需要经历从接触到认可、从认可到接受,再从接受到推崇、从推崇到应用的发展过程。在这个过程中,人们需要准确了解文化的内涵。在不同的群体间进行跨文化、跨语言交流,离不开翻译的媒介性作用,文化的输入和输出也往往需要借助翻译这一平台。

众所周知,语言和文化之间有着密不可分的联系:语言是文化的发展产物,又是文化传承的工具和手段;文化是一定群体的智慧结晶,是语言的精髓和内涵,文化需要语言来承载。因此,语言和文化的关系实际上是一种表象和本质的关系。然而,在跨民族、跨语言交流与翻译过程中,文化往往构成一种隔膜。译者水平、文化基础、思想理念等方面的差异都会造成对相关文化在理解的深度、把握的尺度、负责的程度和表达的幅度等方面的不同,因此在跨语言的文化翻译中,会有不同的翻译成果。

文化翻译需要译者在过滤性理解的基础上进行深度参与,通过合理的阐释表达,准确传递源语的文化内涵信息。例如,在以游牧文化为基础的西方世界里,人们用他们所熟悉的日常食品"牛奶"和"蜂蜜"作为喻体,因此就有了《圣经》中(a region) flowing with milk and honey 这样的表达,具有鲜明的文化特色。中国以农耕文化为基础,汉语中也有含义相当的表达,如"鱼米之乡""富饶之地"。具体怎么表达,往往取决于译者的翻译观念和倾向。

不同译者进行文化翻译的方式往往大不相同。有的认为难译的就可以直接忽略,有的认为可以直接音译或者照字面意思译,还有的认为可以利用网络资源或者语料库资源选择使用频率比较高的译文表达,甚至还有的迷信外国专家学者的翻译方法。笔者认为,译者不能简单地采取回避、借用或者模仿等方式来处理文化信息,而应该做一个懂文化的学者,针对具体情境做出恰当的选择。

在跨文化交流过程中,读者因为受到语言障碍的限制而需要通过译者的翻译来实现对源语信息的解读。因此,译文读者要想准确理解原文的语言信息和文化内涵信息,就离不开译者的深度参与,帮助读者完成语言乃至文化信息的输出再编码,即由译者完成翻译中的过滤性阐释。

译者要在翻译表达上进行过滤,采用恰当的表达方式进行阐释,包括选词阐释、增补阐释、替代阐释和创词阐释等方法,准确传递文化含义,避免偏误,以免影响读者的理解,甚至误导读者。

## 第一节 选词阐释翻译

在跨文化翻译过程中,最关键的环节就是对文化词语的处理,怎样表达往往由怎样选词来决定,因此,选词阐释是重要的阐释方法之一。

选词阐释翻译是指文化翻译的过程中,译者要在理解过滤的基础上进行信息定位,确定源语文化含义,选择恰当的呈现形式,以避免翻译的偏误。在翻译某个文化词时,存在多个词语表达可供选择的可能性,通常需要译者通过含义辨识来选择恰当的词语表达,准确地传递出原文的文化意义,以免产生语义的偏差而导致误解、误读。例如,在翻译汉语中的"红"时,不能简单地根据字面对应译成英语的 red,而应从审视事物的角度、喻指引申的范围等方面来进行分析判断,将其内涵意义纳入考虑后做出恰当的表意选词(见表 9-1)。

表 9-1 带"红"字汉语词语的翻译

| 汉语 | 英语 | 翻译依据 |
| --- | --- | --- |
| 红糖 | brown sugar | 糖的实际颜色 |
| 红茶 | black tea | 茶叶泡制前的实际颜色 |
| 红人 | the favored one | 得宠显贵的人 |
| | the one being in power | 在事业上掌权或者得意的人 |
| 红盖头 | wedding veil | 婚礼上新娘专用的物品 |

在现实生活中存在词语的意义相同或者相近的情况,但在使用时往往受制于文化、语体风格、褒贬倾向等多种因素,使得词语的内涵与使用的语域范围有所不同。例如,汉语中"哭""泣""号"是近义词,但其含义存在一定的差异:有泪有声谓之哭,有泪无声谓之泣,无泪有声谓之号,分别对应的英语是 cry、weep、cry aloud without tears。

再如,要表示"把人关起来,限制人身自由",在不同的领域选词有所不同,适用于医学领域的叫"隔离",适用于司法部门的叫"监禁",适用于军事部门的叫"关禁闭",适用于公安机关的叫"关押"等。英语中也一样,如表示偷窃行为的有 steal(指未经主人同意而拿走事物的行为,汉语叫"偷窃"或者"盗窃")、burgle(指进入室内行窃的行为)、pilfer(指趁人不注意拿着别人的东西逃走的行为,汉语叫"抢夺")。这几个单词所表现的行为方式不同,其行为的严重性也不同。

## 一、不当选择阐释的不良影响

在文化翻译中,不当的选词表达,往往会造成含义的偏离,导致误解和曲解,轻则引起误解,重则危害个人乃至国家的利益和尊严。

1. 造成概念偏离

在翻译时,如果选词不当,往往会造成概念的偏离,导致读者的误解误读。因此,译者需要厘清概念,选择恰当的表达,传递正确的含义。例如:

例1:

【原文】他一直把义母当成自己亲生母亲来赡养。

【译文1】He has always regarded his foster mother as his own mother to support her.

【译文2】He always takes his godmother as his own mother.

【译文3】As his biological mother, he keeps supporting his authorized mother.

"义母"是被认领的子女对非亲生女性认领者的称谓。通常情况下,被认领的子女依然与其亲生父母生活在一起,义母平时只是作为亲戚相互走动,或者在必要时提供一定的帮助。译文1将"义母"译成 foster mother,英语中对 foster mother 解释是 a woman who is a foster parent and raises another's child，与汉语中的"养母"含义相当。译文 2 将"义母"译成 godmother，而英语中对 godmother 的解释是 any woman who serves as a sponsor for a child at baptism，即教母，这是西方宗教文化中独有的产物。译文 3 将"义母"译成 authorized mother，是一种通过授权确认而获得的称谓，与原文"义母"的内在含义比较相符，因此是比较恰当的翻译。

2. 造成自我贬伤

翻译阐释选词要恰当中肯，准确传递出深层的文化含义。如果选词不当，往往会造成自贬自伤却浑然不知。例如，电影《唐伯虎点秋香》的片名被译为 *Flirting Scholar*，这一表达既违背"不受困于身份限制，勇于为爱情抗争"的爱情故事内涵，还可能会让外国观众认为中国人喜欢调情，带来负面的认知。若将其译成 *A Loyal Love Story* 就比较妥帖，不会引起歧义和曲解。

再如，在旅游景点常常会见到一些如"向文明的游客学习"之类的标语，有的还配有英文 learn from the civilized tourists。此处，将"文明"译作 civilized 不是很恰当。英语中的 civilized 与 barbarous（野蛮的，粗俗的）相对，这样的英文表达很容易产生"游客文明"而"自己野蛮"的对应性联想。将其译为 learn from the well-behaved tourists 或者 learn from the good-mannered tourists 更为合适。

3. 造成含义歪曲

翻译阐释的选词可能是一种无意识的行为，也可能为了表现一种认识、态度或者观点立场转变为一种有意识的行为。文化词的选择不当会造成文化含义的歪曲。例如：

例 2：

【原文】宗祠，也叫宗庙，是供奉与祭祀祖先的场所，是我国传统文化的象征。

【译文 1】The ancestral temple is a place to worship and offer sacrifices to ancestors. And it is a symbol of traditional culture in China.

【译文 2】The ancestral hall is a place to worship and offer sacrifices to the clan ancestors. And it is a symbol of traditional culture in China.

此例中,"宗祠"和"宗庙"所指的是同一个东西,翻译时选定一个即可。对"宗祠"或者"宗庙"的英语表达有 memorial temple、ancestral temple、memorial hall、ancestral hall 等。要传递原文的真实文化内涵就要选择准确的表达。如果选用 memorial temple 或 ancestral temple,其中的 temple 往往指佛教寺庙,很容易让由于读者误以为是佛教场所,并可能将参加活动的人误以为 monk(和尚)和 nun(尼姑)。ancestral hall 表示这个场所与祖先有关,是一个大厅,意思很明确,不会产生歧义性联想。另外,如用 memorial hall 就难以体现中国家族文化中遵从祖先的传统。因此,译文 2 将"宗祠"或者"宗庙"译成 ancestral hall 是比较妥帖的。

## 二、选词阐释

在翻译处理文化信息时,译者应该根据具体情境判断原文选词的用意,确定意义的范围,筛选表达用词,以确保达意。英汉两种语言的文化差异巨大,从语言表现形式到文化内涵意义,从词语选用的意图到具体语境的逻辑关联,都需要译者深度介入,从理解层面进行甄别和过滤,从表达层面进行选择,才能实现精准的翻译。

1. 探源选词

探源选词是指译者应该理解相关文化词的历史渊源,探明其内在含义,并据此确定译文表达用词。

以《楚辞》的翻译为例,现主要有英国学者霍克斯的英译本 *Ch'u Tz'u*, *The Songs of the South*: *An Ancient Chinese Anthology*[1]、杨戴译本 *Selected Elegies of the State of Chu*[2]、许渊冲译本 *Elegies of the South*[3] 和卓振英

---

[1] Hawkes, D. *Ch'u Tz'u*, *The Songs of the South*: *An Ancient Chinese Anthology*. London: the Clarendon Press, 1959.

[2] Qu, Y. *Selected Elegies of the State of Chu*. Yang, X. Y. & Yang, G. (trans.). Beijing: Foreign Languages Press, 2001.

[3] Qu, Y. *Elegies of the South*. Xu, Y. C. (trans.). Beijing: China Intercontinental Press, 2012.

译本 The Verse of Chu[①] 等。

辞是中国古代的一种文体体裁形式,起源于战国时期,也称赋,是诗体性质的记事或者说理散文。汉朝人将屈原等文人所作的赋收集成册,称之为楚辞。从这几个英译本来看,不同的学者对"辞"的理解存在一定的差异性。霍克斯译成了 songs,杨戴夫妇和许渊冲译成了 elegies,卓振英译成了 verse。song 的定义为"易于谱曲的诗歌";elegy 的定义为"悲恸哀婉之诗",人们习惯称之为"哀歌""挽歌";verse 的定义为"以格律形式创作的文学作品",也叫"韵文"。可见,这些英文选词都存在一定的偏差。

另外,还存在单复数的表达差异,霍克斯、杨戴夫妇和许渊冲都选择了复数形式,而卓振英采用了单数形式。《楚辞》是由 17 篇作品组成的文集,用复数形式为妥。

因此,笔者认为,作为诗体散文的《楚辞》应译作 *An Ancient Chinese Anthology of Poetic Essays*。

例 3:

【原文】在这儿,在这世外桃源,有了人世喧嚣的声音。

【译文 1】Here, in this fairy land, there is the hustle and bustle of the world too.

【译文 2】Here, in this fairy land, there exists the earthly hustle and bustle too.

汉语文化中"世外桃源"常常被人们用来描述一个与世隔绝、没有灾祸、景色优美且人们安居乐业的地方。该成语源自东晋陶渊明的作品《桃花源记》,后被人们用来比喻不受外界影响的地方或者远离尘世喧嚣的虚幻之地。"世外桃源"的英文翻译多种多样:a heaven of peace and happiness、a remote Utopia、a fairy land、the Land of Peach Blossoms、Utopia retreat、earthly paradise 等。按照汉语成语的来源和喻指意义,a fairy land 和 an earthly paradise 的表达比较合适。

---

[①] 屈原. 楚辞. 卓振英,译. 长沙:湖南人民出版社,2006.

2. 探义选词

探义选词是指译者要根据原文的语境来探明词语的内涵意义,并据此确定译文表达用词的翻译方法。

在各种因素影响下,事物的概念有差异,人们对概念的认知也有所不同。以"家"的概念为例,东西方对"家"的认知存在显著的差异。在中国文化中,"家"是家庭成员共同生活的场所,包含家庭成员(family)、家的位置(home)和家的房屋结构(house),是三者构成的统一体。因此,中国人对"家"的归属感、对"家"的依恋感、对"家"的责任感、对"家"的完整感都是很强烈的。而在西方国家,family、home 和 house 是独立表述的,各有侧重,西方人对"家"的认知感远远没有中国人强。因此,中国"有钱没钱,回家过年"的"春节现象"让很多外国人难以理解。

鉴于这种差异性,我们在翻译"家"这一概念时,应该注意选词表达。例如,在翻译"家和万事兴"时,译者应该将"家"表达为 family,因为这里强调的是家庭成员之间的和睦相处,将其译为 if the family lives in harmony, everything will go smoothly and become flourish 比较妥帖。但在翻译"家丑不可外扬"时,译者就不能将"家"表达为 family 了,否则会有"所有家庭成员都有丑事发生"之嫌,此处将"家"表达为 domestic(内部的),将整句译为 domestic shame should not be made public 比较合适。

例 4:

【原文】次日,就由管家寻得一副吉祥板,是柳州来的,价银八百元。

【译文 1】The next day, the housekeeper found <u>a pair of auspicious boards</u>, which came from Liuzhou and cost 800 *yuan*.

【译文 2】The next day, the housekeeper found <u>a pair of lucky boards</u>, which came from Liuzhou and cost 800 *yuan*.

【译文 3】The next day, the steward cost 800 *yuan* to buy <u>a coffin</u> which was wheeled in from Liuzhou.

原文中的"吉祥板"是古人对"棺材"的讳称,因为中国人对死亡比较忌讳。如果将"吉祥板"译成 auspicious boards 或者 lucky boards,就很难让译文读者了解"吉祥板"的真正含义。在西方文化中,人们对死亡并不忌讳,因此用 coffin 来表达意思就很明了。

3. 探异选词

探异选词是指译者在翻译过程中探明两种文化之间的用词表意的差别,并据此选择恰当的译文表述的方法。译者如果充分了解源语文化和目的语文化及其差异,选择恰当的译文表达,会大大增加译文的可读性,展现语言的魅力。

例 5:

【原文】Yet, as it sometimes happens that a person departs his life, who is really deserving of the praises the stone-cutter carves over his bones; who is a good Christian, a good parent, a good child, a good wife or a good husband; who actually does have a disconsolate family to mourn his loss;...①

【译文】不过偶尔也有几个死人当得起石匠在他们朽骨上的好话。真的是虔诚的教徒,慈爱的父母,孝顺的儿女,贤良的妻子,尽职的丈夫,他们家里的人也的确哀思绵绵地追悼他们。……②

杨必为了迎合汉语读者的文化认知,根据汉语文化中教徒、父母、儿女、妻子、丈夫等角色的责任,将原文中抽象的 good 分别译为"虔诚的""慈爱的""孝顺的""贤良的""尽职的",让读者更容易理解,也避免了"好"字的简单重复。

例 6:

【原文】一时,到了水月庵,净虚带领著智善智能两个徒弟出来迎接,大家见过。

【译文】They reached the Shuiyue Nun-temple soon. The pontiff Jingxu went out with her two disciples, Zhishan and Zhineng, to meet them, and then they greeted one another.

此译例中,"徒弟"在英语中有 apprentice、prentice、disciple、learner 和 student 等多个可供选用的单词,但各个单词都有其独特的内涵意义。

---

① Thackeray, W. S. *Vanity Fair*. New York: Signet Classics, 1962: 126.
② 萨克雷. 名利场. 杨必, 译. 北京: 商务印书馆, 2012: 123.

apprentice 主要指行业工艺的学徒；prentice 主要指行业工艺中新入门的学徒；student 主要指在教育机构接受知识教育或培训的人员；learner 涵盖了从师习文或者从师学艺的所有人员（特别是儿童）；disciple 主要指信仰某种教派并帮助传播教义的信徒。原文与佛教有关，因而此处的"徒弟"指佛教的信徒，英语表达选用 disciple 比较恰当。

综上所述，在翻译过程中选词很重要，恰当的选词表达既能准确地传递含义，又能避免因选词不当而造成的各种不良影响。

## 第二节 增补阐释翻译

增补阐释是指为了便于译文读者准确理解原文的文化内涵，适当增加一些说明性词语，以确保表意准确和意义明晰，避免理解的偏误的发生。

例 7：

【原文】准岳父要我入赘，我愤而辞婚。

【译文1】My future father-in-law asked me to get married and live with them, so I stormed to refuse the marriage.

【译文2】My future father-in-law asked me to married to his daughter and live with them, so I stormed to refuse the marriage.

在中国文化中，"入赘"是男子为结婚到女方家落户，成为女方家庭成员的婚姻习俗。入赘婚姻多是因为女方的父母只生有女儿，没有儿子，为了"传宗接代"而招女婿上门，入赘后婚生子女随母亲姓氏。西方社会没有这种习俗，要让英语读者看懂就必须进行阐释性增补。译文1就存在文化信息的缺省，译文2中 married to his daughter 表示了婚姻的方向性，再加上 live with them，基本上就把中国的这种文化习俗阐释出来了，避免了文化信息的缺省。

鉴于语言表达方式和文化的差异，译者在进行跨文化翻译转换时，为了遵从表达习惯、避免理解偏误、凸显文化差异，有时要进行适当的增补阐释来实现文化信息的完整性和准确性。增补性阐释翻译主要有增词定位、增词定义、增词定调等多种方式。

## 一、增词定位

增词定位是在翻译过程中适当增加一些词语来进行范围的限定，以确保文化含义准确性的翻译方法。例如，《红楼梦》第二十五回提到了"暹罗茶"①，霍克斯将其译作 tribute tea from Siam，杨戴夫妇将其译作 tribute tea from the Laos Kingdom。两种译法都在 tea 前面增加了 tribute 来阐释其内涵，因为暹罗茶是古代暹罗国用来朝贡的礼品茶叶，因此增加 tribute 比较妥帖。但是，暹罗是古代中国对泰国的称谓，古英语称之为 Siam。因此，在表达"暹罗"时，霍克斯选用的 Siam 更为合适，杨戴夫妇的 Laos Kingdom（老挝王国）就存在一定的偏差。

例 8：

【原文】位于北京西北郊香山的静宜园，是清代的一座以山地为基址而建成的行宫御苑。

【译文】Jingyi Garden, located in Xiangshan Mount in the northwestern suburbs of Beijing, is an imperial garden of the Qing dynasty which was built in the mountain.

在此译例中，"行宫御苑"被译作 an imperial garden，译者增译了 imperial 来对 garden 进行范围的限制，意为"行宫御苑"是皇帝用于避暑度假的休闲场所，与普通大众的休闲活动场所不同。

例 9：

【原文】康熙四年九月，册立辅臣索尼之孙女赫舍里氏为皇后。

【译文】In September of the fourth year of Kangxi Emperor in the Qing dynasty, a queen investiture ceremony was held for Heseri hala, the granddaughter of the Prime Minister Suonie.

在此译例中，为了使信息更加明晰，译者将"康熙四年"进行了信息增补处理，增加了 Emperor in Qing dynasty（清朝皇帝），让读者了解"康熙"是清

---

① 曹雪芹，高鹗. 红楼梦. 长沙：岳麓书社，1984：183.

朝皇帝的年号。另外,在翻译"册立"时也增补了 ceremony was held(举行仪式),既表现了该事件的正式程度,也体现了仪式感。

## 二、增词定义

增词定义是在翻译过程中适当增加一些词语以确定文化词的含义的翻译方法。例如,汉语中的"打春牛",又称为"鞭春",是源于中国农耕文化的一种娱乐性民俗活动,即在立春当天举行的迎春仪式上,人们用彩鞭抽打由桑木做骨架、用泥土塑成的"春牛",男女老少或牵"牛",或扶"犁",唱歌跳舞,祈求风调雨顺,载获丰年。因此,译者要对其进行准确定义,可将其译为 bull-whipping games on the first day in spring,games 的增译能够说明活动的娱乐性特征,on the first day 也能够体现"立春"的节气。

例 10:
【原文】若不是姻缘,眼面前也强求不得的。
【译文】If it weren't the doomed link for marriage, you could not achieve your goal even you stood to face each other.

缘分有两种含义:一种意味着必然发生,有不可逃避的意思,相当于英语中的 inevitability;一种意味着偶然发生,有碰运气的意思,相当于英语中的 luck 或 causal link。在中国,人们相信姻缘,认为姻缘是一种必然;而在西方社会,人们不相信必然,只相信偶然。因而在此例翻译中,为了阐释姻缘的必然性,译者将"姻缘"译作 the doomed link for marriage, doomed 的增译使内涵传递更为准确。

## 三、增词定调

增词定调是指为了准确表达原文作者或者说话人的情感倾向而增加适当的词语来进行阐释说明。

例 11:
【例 11】佩洛西意欲窜访台湾。
【译文 1】Pelosi wants to visit Taiwan.

【译文2】Pelosi plans to visit Chinese Taiwan with harbored evil intentions.

关于访问的表达有很多种,如上级对下级或者长辈对晚辈的谦辞"视察""看望"等,下级对上级或者晚辈对长辈使用的敬辞"拜访",平级关系、不分职衔或者辈分高低的中性词"访问"。在该译例中,译文1只用了visit,很难传递原文的情感倾向,译文2增补了with harbored evil intentions(心术不正,不怀好意),就清楚地把原文中"窜访"的内涵意义表达出来了。

例12:
【原文】老色鬼,打针都要占便宜,太可耻了!
【译文1】You old goat, do you feel it is a shame to enjoy flirting during the injection?
【译文2】You dirty man, do you feel it is a shame to enjoy flirting during the injection?

在该例中,译文1将"老色鬼"译作you old goat,只表现出"好色"的意思,并没有体现出说话人的情感态度;译文2将其译作you dirty man,dirty一词就明确了说话人的厌恶情感。

综上所述,在翻译时,有时可以通过适当地增补一些词语来实现范围的界定、含义的明晰和情感的表现,以达到使译文表意准确、通俗易懂的目的。

## 第三节 替代阐释翻译

翻译的目的是让读者读懂原文中所涉及的文化信息,但由于文化之间的巨大差异,译者必须使用符合读者认知范围的表达,或者读者熟悉的表达来对原文中的相关文化信息进行阐释性处理。为了实现这个目的,采用译文读者熟悉的表达来替代原文中形式不同而含义相当的表达是最佳方式。

替代阐释是指用目的语读者熟悉的表达来替代源语文化中含义相同而表达形式不同的内容的翻译方法。替代阐释主要包括规制替代、错位替代和类比替代。

一、规制替代

规制作为特定文化圈内人们共同遵守的规范和制度,往往与另一种文化存在显著差异。译者往往需要用目的语读者熟悉的方式来进行替换阐释,使得交流更加顺畅。一般情况下,译者会对存在差异的数制文化进行换算处理,用目的语读者熟悉的数制表示方式来进行替代。

例 13：
【例原文】This type of car can run 25 miles a gallon.
【译文 1】这种汽车每加仑油能跑25英里的路程。
【译文 2】这种汽车4.5升油能跑40公里的路程。

在英语中,表达液体和固体容量单位的单词主要有 gallon(加仑)、quart(夸脱)、pint(品脱)和 ounce(盎司)。然而,在母语同为英语的英国和美国,这些单位在用于计算液体时代表的容量并不等值。在英国,1 加仑＝4 夸脱＝2 品脱＝4.546 升;而在美国,1 加仑＝4 夸脱＝32 盎司＝3.785 升。

在中国文化中,液体的计量往往具有模糊性,人们常用身边常用的容器如"杯""碗""壶""桶""缸"等来进行计量。对于中国读者来说,英语中的计量单位都比较陌生,但大多数人对"升"(litre)比较熟悉,因此译文 2 用"升"替换"加仑"就比较容易让汉语读者理解和接受。

例 14：
【例原文】康熙二十二年清政府收复台湾,次年,在台湾设一府三县。
【译文 1】In the 22nd year of Emperor Kangxi, the Qing government recovered Taiwan, and in the following year, the governmental organizations composed of one prefecture and three counties in Taiwan were set up.
【译文 1】In 1683, the Qing government recaptured Taiwan, and in the following year, the governmental organizations composed of one prefecture and three counties in Taiwan were set up.

康熙二十二年就是公历1683年。英语读者对天干地支和帝号并用的纪年方式并不熟悉，译文1并不能让读者直接了解清政府收复台湾的时间。译文2用英语读者熟知的公历纪年方式来进行替代性翻译，就很直接明了。

## 二、错位替代

在两种不同的语言中，有时相同的意义拥有不同的表达方式，有时相同的表达方式却表示不同的含义，这就是文化错位现象。错位替代就是为了准确传递原文意义而用读者熟悉的表达方式来替代原文表达方式的翻译方法。

例15：

【原文】The bullet whistled just over my cap like an east wind.

【译文1】子弹像东风一样在我的帽子上方呼啸而过。

【译文2】子弹擦着我的帽子飞过，让我不寒而栗。

译文1只是按照字面意思进行了翻译，译文2注意到了东西方对东风不同的感觉和情感表达。在中西文化中，地理、气候等自然环境的差异往往会导致事物在性质、功能和特点方面的不同，出现文化错位的情况。例如，中国东面临海，而欧洲国家大多是西面临海，因而"东风"和"西风"存在显著的性质差异。在中国，"东风"是从东面的海洋上吹来的温和湿润的风，人们往往借用"东风"来表示"温暖""温馨""欢欣"等含义；而"西风"则是从内陆吹来的寒冷干燥的风，人们往往借用"西风"来表达"寒冷""肃杀""凄凉"的感受。因此，中国古代有很多有关"东风"和"西风"的诗句，如宋代苏轼《海棠》中的"东风夜放花千树，更吹落，星如雨"，唐代李白《落日忆山中》中的"东风随春归，发我枝上花"，北宋时期晏殊《蝶恋花·槛菊愁烟兰泣露》中的"昨夜西风凋碧树，独上高楼，望尽天涯路"，晚唐时期许浑《早秋》中的"遥夜泛清瑟，西风生翠萝"，宋代王安石《咏菊》中的"昨夜西风过园林，吹落黄花遍地金"，等等。然而，在大部分欧洲国家，"东风"是从东面内陆上吹来的寒冷干燥的风，而"西风"是从西面大西洋上吹来的温和湿润的风。因此，那里的人们对"东风""西风"的感受和中国人完全相反。

在英汉翻译时，对字面对等而含义有别，或者含义相同而形式相异的情况，笔者认为可以采用替代阐释的方法，以准确地表达含义，帮助读者更好地理解。

例 16：

【原文】帘卷西风，人比黄花瘦。

【译文】The chilly east wind blew up the curtain with power,/To see a woman was leaner than the withered flower.

在这个译例中，译者用与"西风"含义相同的 east wind 来替代字面直译的 west wind，同时还增补了表达情感色彩的 chilly，准确地传递了原文的内涵，避免了读者的误解。

### 三、类比替代

人们总是习惯于用身边熟悉的事物进行类比，从而让所阐述的事物更容易被理解和接受。然而，在不同文化中，表示相同含义的类比物或者类比方式会存在显著差异。翻译时，译者应该采用替代的方式来化解这种陌生感和差异感。比如，中国人说"不称职"，地道的英语表达却是 be not worth one's salt。此说法源自古罗马。当时，盐和其他生活必需品一起作为官饷被发放给士兵，英语中的 salary（薪金）一词就来自拉丁文中的 salarium（盐）。

类比替代是指为了便于理解而采用目的语读者熟悉的类比方式来替代源语读者采用的类比方式的翻译方法。

例 17：

【原文】Life without friends is like pizza without cheese, hard to imagine and tasteless to indulge in.

【译文1】没有朋友的生活就像吃没有加奶酪的比萨，很难想象，总是枯燥无味。

【译文2】没有朋友的生活就像清水煮白菜——寡淡无味。

比萨是意大利著名美食，后传到欧洲各国。人们在吃比萨时，往往会加上像番茄酱或者奶酪之类的调味品，否则就会显得单调乏味。表达相同意思的汉语歇后语有"清水煮白菜——寡淡无味"。中国人在烹饪时讲究咸淡适宜，再加入美味鲜香的调味品，如姜、葱、蒜、酱等，使得菜肴更加美味。

译文 1 将 like pizza without cheese 直译为"像吃没有加奶酪的比萨"，让很多没吃过比萨的人体味不到其内涵意义；译文 2 用汉语意义相同且读者熟悉的类比方式来替代原文的表达，将其译作"像清水煮白菜——寡淡无味"，就会大大增强可读性。

类似的例子还有很多，详见表 9-1、表 9-2。

表 9-1 英汉习语比较

| 英语 | 汉语 |
| --- | --- |
| six of one and half a dozen of the other | 半斤八两 |
| thanks a million | 千恩万谢 |
| to fish in the air | 缘木求鱼 |
| a flash in the pan | 昙花一现 |
| have one foot in the grave | 黄土埋了半截身 |
| at the end of one's rope | 山穷水尽 |
| the spirit is willing but the flesh is weak | 心有余而力不足 |
| you cannot run with the hare and hunt with hounds | 鱼和熊掌不可兼得 |
| hares may pull dead lions by the beard / even rabbits insult an dead lion | 虎落平阳被犬欺 |
| he who follows two hares is sure to catch neither | 脚踩两只船 |
| can the leopard change his spots | 狗改不了吃屎/江山易改，本性难移 |

表 9-2 英语习语汉译的直译与替译对照

| 英语 | 直译 | 替译 |
| --- | --- | --- |
| talk horse | 谈马 | 吹牛 |
| as dumb as an oyster | 哑如牡蛎 | 守口如瓶 |
| neither fish nor fowl | 非鱼非禽 | 非驴非马/不伦不类 |
| as timid as a rabbit | 胆小如兔 | 胆小如鼠 |
| an ass in a lion's skin | 驴披狮皮 | 狐假虎威 |
| to drink like a fish | 如鱼喝水 | 牛饮 |
| like a duck to water | 如鸭喜水 | 如鱼得水 |
| like a rat in a hole | 如洞中之鼠 | 瓮中之鳖 |
| like a drowned rat | 如被淹的老鼠 | 落汤鸡 |

续表

| 英语 | 直译 | 替译 |
|---|---|---|
| to eat like a horse | 如马进食 | 狼吞虎咽 |
| like a cat on hot bricks | 如猫站上滚烫的砖 | 热锅上的蚂蚁 |
| to set the cat among the pigeons | 将猫放进鸽子群 | 引狼入室 |
| as industrious as an ant | 如蚂蚁一样勤劳 | 勤如蜜蜂 |
| thirsty as a camel | 渴似骆驼 | 饥渴难耐 |
| as hungry as bear | 饿如大熊 | 饿狼 |
| as clear as crystal | 如水晶一样透明 | 清如水 |
| as lonely as a cloud | 如云一样孤独 | 四处飘零 |
| as sound as a roach | 如蟑螂一样健康 | 体健如牛 |
| as close as an oyster | 如牡蛎一样关闭 | 守口如瓶 |
| as close as a clam | 如蛤蜊一样紧闭 | 一毛不拔 |
| as scarce as hen's teeth | 如鸡的牙齿一样稀少 | 凤毛麟角 |
| as nervous as a school boy | 如小学生一样紧张 | 紧张得如怀揣小兔 |
| as beautiful as an angel | 如天使一样美丽 | 貌美如花/美若天仙 |
| as innocent as a baby unborn | 如未出生的婴儿一样天真 | 单纯如白纸 |
| as deaf as a post | 如电线杆一样聋 | 充耳不闻 |
| as white as a ghost | 如鬼一样白 | 白得像张纸 |

## 第四节 创词阐释翻译

创词阐释翻译是指为了一定的目的而利用目的语的构词规则创造新词,以弥补目的语中与源语语义存在对应缺位内容的翻译表达方法。

在社会交往中,人们往往会创造一些新词来表达某种社会概念,描述某种社会现象,讥讽某种社会行为。例如,现在许多人上午 10 点多才起床,早饭的饭点早已过了,午饭的饭点还没到,起来弄点吃的东西,既当作早餐,又充作午餐,所以人们创造了一个新的单词 brunch。这个单词是由 breakfast(早餐)和 lunch(午餐)的首尾相加构成的。在英语中,类似的创新词还有很多,详见表 9-3。

表 9-3　英语创新词构词

| 新词 | 单词1 | 单词2 | 构词规则 |
| --- | --- | --- | --- |
| smog（烟雾） | smoke | fog | 首尾相加 |
| interpol（国际警察） | international | police | 首首相加 |
| comsat（通信卫星） | communication | satellite | 首首相加 |
| sitcom（情景剧） | situation | comedy | 首首相加 |
| paratroops（伞降部队） | parachute | troops | 部分加整体 |
| travelogue（旅游见闻） | travel | catalogue | 整体加部分 |
| lunarnaut（登月宇航员） | lunar | astronaut | 整体加部分 |

汉语中，人们对一些新生的社会现象或者概念也会用一些创新词汇来表达，特别是在当今这个信息时代，网络语言中创新词很多，如"寒促"（商家在商品销售淡季推出的促销活动）、"泪奔"（泪水就如奔腾的流水那样不由自主地流了下来，表示百感交集）。值得注意的是，补缺性创新词翻译应该准确恰当地传递原文的含义（见表 9-4、表 9-5）。

表 9-4　汉语英译补缺性创新词示例

| 汉语 | 英语 | 英语构词方式 |
| --- | --- | --- |
| 笑而不语 | smilence | smile ＋ silence |
| 终成眷属 | togayther | together ＋ gay |
| 离婚宣言 | divoice | divorce ＋ voice |
| 男人天性 | animale | animal ＋ male |
| 躲猫猫（式自杀） | suihide | suicide ＋ hide |
| 偷菜 | vegesteal | vegetable ＋ steal |
| 情绪稳定 | emotionormal | emotion ＋ normal |
| 拼爹 | dadepetition | daddy ＋ competition |
| 拼妈 | momepetition | mommy ＋ competition |
| 刷剧 | TV-drama-binge-watching | / |
| 驴友 | free-travelling friend | / |
| 牌友 | cards-playing friend | / |

表 9-5　汉语英译补缺性创新词的不同表达

| 中文 | 中等英语表达 | 优质英语表达 |
| --- | --- | --- |
| 菌男 | eye-spoiling man | spoil-some man |
| 宅女 | homebody girl | abode-stayed girl |
| 宅男 | caged man | home-man |
| 晕 | shocked faint | feeling-lost state |
| 美眉 | beauty/beautiful girl | charming lady |
| 暖男 | sunshine boy | sweet guy |
| 放电的眼神 | bewitching eye-expression | bewitching smile |
| 淑女 | gentlewoman/noble woman | a virtuous woman |
| 名嘴 | popular TV presenter/famous mouth | well-known presenter |
| 车奴 | car slave | loan-for-car consumer |
| 裸官 | naked official | with-family-members-emigrant official |
| 绝色美女 | Helen of Troy/absolute beauty | a peerless beauty |

但在跨语言翻译过程中，对处于缺位状态的文化概念信息往往难以回避，因此译者需要灵活地运用创造性的表达来进行应对。创造阐释翻译主要包括创词立意、创词补缺和创词扬威等几种情形。

一、创词立意

创词立意是指为了使译文表意准确、通俗易懂，而对新生的事物概念或者在目的语中缺乏对应的事物或者现象采用生造词语的方式进行处理的翻译方法。

例 18：

【原文】两府男妇小厮丫鬟亦按差役上中下行礼毕，散押岁钱、荷包、金银锞，摆上合欢宴来。

【译文】The servants and maidservants of the two mansions extended salutions to their host and hostess in sequence according to their errands and graduations, then they received the enveloped-money, embroidered pouch, silver ingot or gold ingot as the gift for the New year.

押岁钱，也称压岁钱，源于压祟钱，是在中国农历年末由长辈赠予晚辈的、装有现金的红纸包或红袋子，寓意为压住"祟"（不吉利的东西），预祝晚辈，特别是小孩，在新的一年中健康顺利，吉祥如意。如果将其译为 gift money 或者 blessing money，很容易与其他情况下的礼金概念相混淆（如 gift money 意为婚礼上送给新人的"礼金"，blessing money 意为探望病人时所送的祝福礼金），造成歧义，误导读者。

在《红楼梦》第五十三回中也出现了"押岁钱"，杨戴夫妇将其译作 New-Year money，霍克斯将其译作 the New Year's Eve wish-penny，这两种译文都只是部分地表达了"压岁钱"的含义。New-Year money 未传递出"礼物"和"祝福"的含义，the New Year's Eve wish-penny 中 penny（便士）相当于汉语中的分币，只体现了其象征性的含义。在中国传统习俗中，压岁钱的数额不固定，可大可小，往往根据发压岁钱的人的经济状况及其与分发对象关系的亲疏来具体确定数额。鉴于压岁钱有"祝福"和"礼品"的双重功能，将其翻译成 packed-gift money for the New Year 或者 enveloped-money gift for the New Year 比较妥帖。

## 二、创词补缺

创词补缺是指为了合理恰当地传递原文意义，而对目的语中对应缺位的表达进行创词的翻译方法。

例如，汉语中应用广泛的"阴阳学说"，如果被译为 yinyang doctrine，译文读者会因为缺乏相关认知而一头雾水；如果被译为 male and female doctrine，也会使读者产生"男人与女人"的局限性理解；如果被译为 solar-lunar systematic doctrine（太阳—月亮系统学说），就能避免偏误性理解。

创词补缺有两种情况，即差别性补缺和原创性补缺。

### 1. 差别性补缺

差别性补缺是指为了区分两种文化中对应缺位的事物、现象、观念等而进行的创词。例如，在中国文化中，"盘古"是开天辟地、创造世界的人，而在西方文化中则是 God（上帝）。为了区别不同文化，将盘古译作 universe creator 比较合适。再如，汉语中"媒婆""媒人""红娘"之间的差别及其创词补缺见表9-6。

表 9-6　汉英翻译差别性补缺示例

| 中文 | 英语 | 特征 |
|---|---|---|
| 媒婆 | woman marriage matchmaker | 体现职业性、女性等特征 |
| 媒人 | marriage go-between | 体现非性别差异性和牵线撮合的特征 |
| 红娘 | pre-marriage go-between | 体现婚前牵线撮合的特征 |

2. 原创性补缺

原创性补缺是指在翻译时为了准确表达含义而对一些新产生的事物、现象、概念等进行创词补缺（见表 9-7）。

表 9-7　汉英翻译原创性补缺示例

| 创新词 | 含义 | 构成 |
|---|---|---|
| unlightening | 不开化的人 | 指学了某样东西却越来越傻 |
| worderful | 用词太棒了 | 由 word 和 wonderful 合成，指用词太好值得称赞 |
| youniverse | 极端自我中心的人 | 由 you 和 universe 合成，指以自我为中心 |
| errorist | 总是犯错的人 | 由 error 加-ist 后缀构成，指不知悔改、总是犯错的人 |
| onlineness | 因痴迷上网而孤独的人 | 由 online 和 loneliness 合成，指因痴迷上网、缺乏交流而孤独的人 |
| Internest | 网游安乐窝 | 由 Internet 和 nest 合成，指长时间待在窝里上网的人 |

例 19：

【原文】听说府里大人不见，他父亲已到衙门里头求师爷去了。

【译文】I heard that the magistrate refused to meet him, so his father went to the government office to ask the master consultant for help.

"师爷"的英文翻译有 brainman、private adviser 等。但是，"师爷"是一个专家级的顾问，因此要准确传递其内涵，将其译作 master consultant 更为合适，也更容易让读者理解。

例 20：

【原文】虽说故乡，然而已没有家，所以只得暂寓在鲁四老爷的宅子里。他是我的本家,比我长一辈,应该称之曰"四叔",是一个讲理学的老监生。

【译文1】I call it my hometown, but as I put up at the house of a Fourth Uncle since he belongs to the generation before mine in our clan, a <u>former Imperial Academy licentiate</u> who believes in Neo-Confucianism.①

【译文2】Speaking of my hometown, I have no family of my own there, so I have to stay at Master LU Si's house. LU-Si share the same clan with me and he is senior to me as my uncle in the family hierarchy, so I should address him as the fourth paternal-uncle. Master LU-Si was an <u>Imperial College graduate</u> majoring in Neo-Confucianism.

监生是明清两代受到父辈或者祖辈的功勋资历荫蔽的官僚子弟,以及靠花钱捐买而获取进入国子监读书资格的人。国子监是古代中国的最高教育管理机构和最高学府。因此,将"监生"译作 Imperial College graduate 更为合适。

### 三、创词扬威

1976年蒙特利尔奥运会使用了具有浓郁加拿大风格的印第安语 Amik 来作为吉祥物"海狸"的名称,而没有用英语的 beaver;1988年汉城奥运会吉祥物"虎娃"选用了韩语发音的 Hodori,而没有选用英语的 Tiger Boy;2008年北京奥运会吉祥物"福娃"选用了其拼音 *Fuwa*,而没有用 Friendlies。

1961年4月12日,苏联用"东方1号"宇宙飞船将宇航员加加林(Yuri Alekseyevich Gagarin)送入太空,他成为第一位进入太空的宇航员,苏联人为了表达自豪,创造了一个具有俄语元素的英语单词 kosmonaut。1969年7月19日,美国用"阿波罗11号"把宇航员阿姆斯特朗(Neil Alden Armstrong)送上月球,他成为第一个登上月球的宇航员,美国人由此创造了一个新词 lunarnaut(登月宇航员)。2003年10月15日,中国用"神舟五号"飞船将杨利伟送入太空,成为世界上第三个独立将宇航员送入太空的国家,

---

① Lu, X. *Wandering*. Yang, X. Y. & Yang, G. (trans.). Beijing: Foreign Languages Press, 1981: 3.

当时有学者独创了含有汉语拼音元素的英语单词 taikonaut 来向世界播发新闻,彰显了中国人的民族自豪感。

例 21:
【原文】中国成为世界上第二大经济体,真给力!
【译文】It is so gelivable that China has become the second largest economy power in the world.

汉语中的"给力"有"给人以鼓舞的力量"的意思,通常用于形容令人激动、让人鼓舞的事情。译者创造了一个新词 gelivable,这是一个模仿英语单词 believable 的生造词,前半部分 geli 是汉语"给力"的近似音,中间的 liva(形似 live)表现了生命的活力,最后是英语的形容词构词后缀-able。这个创新词完美地传递了汉语"给力"的意义内涵。

综上所述,为了对新事物、新概念的含义做出准确的表达,弥补语言表达方面的缺位性差异,彰显民族精神和自豪感,译者可以通过创造新词来精确地传达所要表达的内涵意义。